卷首语

《最新法律文件解读》是一套以为最新法律规范提供同步“解读”为主的系列丛书，分为刑事、民事、商事、行政与执行4个分册，按月出版。

本丛书以“解读”为重点，突出全、专、新、快、准等特点，通过对最新出台的法律、法规、司法解释、部门规章以及重要地方性法规进行同步动态解读，弥补了法律、法规、司法解释汇编类出版物没有同步阐释、解读内容的不足，为广大读者学习理解最新法律规范，正确贯彻执行法律文件，及时解决实践中的新情况、新问题，提供一个全方位、多层面的法律信息平台。

为了最大限度地实现生效法律文书确认的债权，提高执行效率，强化执行效果，维护司法权威，2011年5月27日，最高人民法院发布了《关于依法制裁规避执行行为的若干意见》，我们邀请了最高人民法院执行局法官对其进行了权威解读。

为了正确适用《中华人民共和国民事诉讼法》有关人民法院依职权再审的规定，依法及时纠正确有错误的生效裁判，规范和完善审判监督工作，江苏省高级人民法院制定了《关于办理依职权审查的民事审判监督案件若干问题的意见(试行)》。本辑刊登了该文件及其解读，以供读者参考。

图书在版编目(CIP)数据

民事法律文件解读. 总第79辑/奚晓明主编. —北京:人民法院出版社,2011.9
(最新法律文件解读丛书)
ISBN 978-7-5109-0298-7

Ⅰ.①民… Ⅱ.①奚… Ⅲ.①民法-法律解释-中国②民事诉讼法-法律解释-中国 Ⅳ.①D923.05②D925.105

中国版本图书馆 CIP 数据核字(2011)第192483号

民事法律文件解读. 总第79辑

主编 奚晓明

责任编辑 肖瑾璟
出版发行 人民法院出版社
地　　址 北京市东城区东交民巷27号 邮编 100745
电　　话 (010)67550562(责任编辑) 67550558(发行部查询)
65223677(读者服务部)
网　　址 http://www.courtbook.com.cn
E-mail courtpress@sohu.com
印　　刷 北京人卫印刷厂
经　　销 新华书店
开　　本 787×1092毫米 1/16
字　　数 140千字
印　　张 8
版　　次 2011年9月第1版 2011年9月第1次印刷
书　　号 ISBN 978-7-5109-0298-7
定　　价 16.00元

责任编辑　肖瑾璟

电　　话　(010)67550562

邮　　箱　courtbook@163.com

目　录

【司法解释、司法解释性文件与解读】

最高人民法院关于依法制裁规避执行行为的若干意见

（2011 年 5 月 27 日） …………………………………………… *1*

解读《最高人民法院关于依法制裁规避执行行为的

若干意见》 ………………………………………………… 于　泓 5

最高人民法院

关于印发《第一次全国民事再审审查工作会议纪要》的通知

（2011 年 4 月 21 日）…………………………………………… *10*

最高人民法院

关于印发《民事申请再审案件诉讼文书样式》的通知

（2011 年 4 月 21 日）…………………………………………… *16*

【部门规章、部门规章性文件与解读】

环境保护部

关于开展环境污染损害鉴定评估工作的若干意见

（2011 年 5 月 25 日）…………………………………………… *43*

【地方性法规、地方政府规章与解读】

北京市房屋租赁管理若干规定

（2011 年 5 月 5 日） …………………………………………… *55*

【地方司法业务文件与解读】
江苏省高级人民法院
关于办理依职权审查的民事审判监督案件若干
问题的意见(试行)
(2011年5月5日) …………………………………………… 64
解读《江苏省高级人民法院关于办理依职权审查的民事审判
监督案件若干问题的意见(试行)》 ……… 陆鸣苏 曹 霞 69

【司法工作热点问题研究】
婚姻无效生效判决能否再审 …………………………… 王礼仁 75

【新类型疑难案例选评】
镇雄县大顺煤业有限责任公司与管彦宝工伤事故赔偿纠纷案
[评析]工伤保险赔付与民事侵权赔偿请求权竞合时,
应采用补充赔偿模式 ………………… 余德厚 袁 晶 84

【最新立法、司法动态】
中华人民共和国职业病防治法修正案(草案) ………………… 92

司法解释、司法解释性文件与解读

最高人民法院
关于依法制裁规避执行行为的若干意见

2011年5月27日　　　　法〔2011〕195号

为了最大限度地实现生效法律文书确认的债权，提高执行效率，强化执行效果，维护司法权威，现就依法制裁规避执行行为提出以下意见：

一、强化财产报告和财产调查，多渠道查明被执行人财产

1. 严格落实财产报告制度。对于被执行人未按执行通知履行法律文书确定义务的，执行法院应当要求被执行人限期如实报告财产，并告知拒绝报告或者虚假报告的法律后果。对于被执行人暂时无财产可供执行的，可以要求被执行人定期报告。

2. 强化申请执行人提供财产线索的责任。各地法院可以根据案件的实际情况，要求申请执行人提供被执行人的财产状况或者财产线索，并告知不能提供的风险。各地法院也可根据本地的实际情况，探索尝试以调查令、委托调查函等方式赋予代理律师法律规定范围内的财产调查权。

3. 加强人民法院依职权调查财产的力度。各地法院要充分发挥执行联动机制的作用，完善与金融、房地产管理、国土资源、车辆管理、工商管理等各有关单位的财产查控网络，细化协助配合措施，进一步拓宽财产调查渠道，简化财产调查手续，提高财产调查效率。

4. 适当运用审计方法调查被执行人财产。被执行人未履行法律文书确定的义务，且有转移隐匿处分财产、投资开设分支机构、入股其他企业或者抽逃注册资金等情形的，执行法院可以根据申请执行人的申请委托中介机构对被执行人进行审计。审计费用由申请执行人垫付，被执行人确有转移隐匿处分财产等情形的，实际执行到位后由被执行人承担。

5. 建立财产举报机制。执行法院可以依据申请执行人的悬赏执行申请，向社会发布举报被执行人财产线索的悬赏公告。举报人提供的财产线索经查证属实并实际执行到位的，可按申请执行人承诺的标准或者比例奖励举报人。奖励资金由申请执行人承担。

二、强化财产保全措施，加大对保全财产和担保财产的执行力度

6. 加大对当事人的风险提示。各地法院在立案和审判阶段，要通过法律释明向当事人提示诉讼和执行风险，强化当事人的风险防范意识，引导债权人及时申请财产保全，有效防止债务人在执行程序开始前转移财产。

7. 加大财产保全力度。各地法院要加强立案、审判和执行环节在财产保全方面的协调配合，加大依法进行财产保全的力度，强化审判与执行在财产保全方面的衔接，降低债务人或者被执行人隐匿、转移财产的风险。

8. 对保全财产和担保财产及时采取执行措施。进入执行程序后，各地法院要加大对保全财产和担保财产的执行力度，对当事人、担保人或者第三人提出的异议要及时进行审查，审查期间应当依法对相应财产采取控制性措施，驳回异议后应当加大对相应财产的执行力度。

三、依法防止恶意诉讼，保障民事审判和执行活动有序进行

9. 严格执行关于案外人异议之诉的管辖规定。在执行阶段，案外人对人民法院已经查封、扣押、冻结的财产提起异议之诉的，应当依照《中华人民共和国民事诉讼法》第二百零四条和《最高人民法院关于适用民事诉讼法执行程序若干问题的解释》第十八条的规定，由执行法院受理。

案外人违反上述管辖规定，向执行法院之外的其他法院起诉，其他法院已经受理尚未作出裁判的，应当中止审理或者撤销案件，并告知案外人向作出查封、扣押、冻结裁定的执行法院起诉。

10. 加强对破产案件的监督。执行法院发现被执行人有虚假破产情形的，应当及时向受理破产案件的人民法院提出。申请执行人认为被执行人利用破产逃债的，可以向受理破产案件的人民法院或者其上级人民法院提出异议，受理异议的法院应当依法进行监督。

11. 对于当事人恶意诉讼取得的生效裁判应当依法再审。案外人违反上述管辖规定，向执行法院之外的其他法院起诉，并取得生效裁判文书将已被执行法院查封、扣押、冻结的财产确权或者分割给案外人，或者第三

人与被执行人虚构事实取得人民法院生效裁判文书申请参与分配，执行法院认为该生效裁判文书系恶意串通规避执行损害执行债权人利益的，可以向作出该裁判文书的人民法院或者其上级人民法院提出书面建议，有关法院应当依照《中华人民共和国民事诉讼法》和有关司法解释的规定决定再审。

四、完善对被执行人享有债权的保全和执行措施，运用代位权、撤销权诉讼制裁规避执行行为

12. 依法执行已经生效法律文书确认的被执行人的债权。对于被执行人已经生效法律文书确认的债权，执行法院可以书面通知被执行人在限期内向有管辖权的人民法院申请执行该生效法律文书。限期届满被执行人仍怠于申请执行的，执行法院可以依法强制执行该到期债权。

被执行人已经申请执行的，执行法院可以请求执行该债权的人民法院协助扣留相应的执行款物。

13. 依法保全被执行人的未到期债权。对被执行人的未到期债权，执行法院可以依法冻结，待债权到期后参照到期债权予以执行。第三人仅以该债务未到期为由提出异议的，不影响对该债权的保全。

14. 引导申请执行人依法诉讼。被执行人怠于行使债权对申请执行人造成损害的，执行法院可以告知申请执行人依照《中华人民共和国合同法》第七十三条的规定，向有管辖权的人民法院提起代位权诉讼。

被执行人放弃债权、无偿转让财产或者以明显不合理的低价转让财产，对申请执行人造成损害的，执行法院可以告知申请执行人依照《中华人民共和国合同法》第七十四条的规定向有管辖权的人民法院提起撤销权诉讼。

五、充分运用民事和刑事制裁手段，依法加强对规避执行行为的刑事处罚力度

15. 对规避执行行为加大民事强制措施的适用。被执行人既不履行义务又拒绝报告财产或者进行虚假报告、拒绝交出或者提供虚假财务会计凭证、协助执行义务人拒不协助执行或者妨碍执行、到期债务第三人提出异议后又擅自向被执行人清偿等，给申请执行人造成损失的，应当依法对相关责任人予以罚款、拘留。

16. 对构成犯罪的规避执行行为加大刑事制裁力度。被执行人隐匿财产、虚构债务或者以其他方法隐藏、转移、处分可供执行的财产，拒不交出或者隐匿、销毁、制作虚假财务会计凭证或资产负债表等相关资料，以虚假诉讼或者仲裁手段转移财产、虚构优先债权或者申请参与分配，中介机构提供虚假证明文件或者提供的文件有重大失实，被执行人、担保人、协助义务人有能力执行而拒不执行或者拒不协助执行等，损害申请执行人或其他债权人利益，依照刑法的规定构成犯罪的，应当依法追究行为人的刑事责任。

17. 加强与公安、检察机关的沟通协调。各地法院应当加强与公安、检察机关的协调配合，建立快捷、便利、高效的协作机制，细化拒不执行判决裁定罪和妨害公务罪的适用条件。

18. 充分调查取证。各地法院在执行案件过程中，在行为人存在拒不执行判决裁定或者妨害公务行为的情况下，应当注意收集证据。认为构成犯罪的，应当及时将案件及相关证据材料移送犯罪行为发生地的公安机关立案查处。

19. 抓紧依法审理。对检察机关提起公诉的拒不执行判决裁定或者妨害公务案件，人民法院应当抓紧审理，依法审判，快速结案，加大判后宣传力度，充分发挥刑罚手段的威慑力。

六、依法采取多种措施，有效防范规避执行行为

20. 依法变更追加被执行主体或者告知申请执行人另行起诉。有充分证据证明被执行人通过离婚析产、不依法清算、改制重组、关联交易、财产混同等方式恶意转移财产规避执行的，执行法院可以通过依法变更追加被执行人或者告知申请执行人通过诉讼程序追回被转移的财产。

21. 建立健全征信体系。各地法院应当逐步建立健全与相关部门资源共享的信用平台，有条件的地方可以建立个人和企业信用信息数据库，将被执行人不履行债务的相关信息录入信用平台或者信息数据库，充分运用其形成的威慑力制裁规避执行行为。

22. 加大宣传力度。各地法院应当充分运用新闻媒体曝光、公开执行等手段，将被执行人因规避执行被制裁或者处罚的典型案例在新闻媒体上予以公布，以维护法律权威，提升公众自觉履行义务的法律意识。

23. 充分运用限制高消费手段。各地法院应当充分运用限制高消费手段，逐步构建与有关单位的协作平台，明确有关单位的监督责任，细化协作方式，完善协助程序。

24. 加强与公安机关的协作查找被执行人。对于因逃避执行而长期下落不明或者变更经营场所的被执行人，各地法院应当积极与公安机关协调，加大查找被执行人的力度。

解读

《最高人民法院关于依法制裁规避执行行为的若干意见》

于　泓*

规避执行是目前人民法院执行工作遇到的难题之一。被执行人运用各种手段规避执行的情况日益严重，在某些地方已成为一种普遍现象，甚至有愈演愈烈之势。规避执行行为的存在，导致执行工作难以正常开展，执行程序无法有序进行，申请执行人的债权被延缓、缩水或根本无法实现，严重影响执行秩序和执行效果。最高人民法院院长王胜俊在2010年度全国高级法院院长会议上的讲话中指出，要在破解执行难问题上有新作为，“要着力解决被执行人规避执行问题，适时开展反规避执行专项活动，切实维护债权人的合法权益”。为切实改变目前大量被执行人规避执行的现状，进一步巩固全国集中清理执行积案活动的成果，最高人民法院已于2011年初在全国法院系统开展反规避专项活动，希望能够引起全社会的广泛关注与重视，引导各地法院有效制裁规避执行行为，营造全社会支持人民法院治理规避执行行为的良好氛围。作为反规避专项活动的主要规范性文件，2011年5月27日，最高人民法院以法〔2011〕195号文件发布了《关于依法制裁规避执行行为的若干意见》（以下简称《意见》）。现就《意见》涉及的主要内容予以说明。

一、出台背景及主要特点

开展反规避专项活动，旨在通过制定规范性文件、落实相关司法解释、建立相关配套措施，遏制和扭转规避执行行为造成的恶劣影响和严重后果，最大限度地实现胜诉债权，维护法律尊严和司法权威。同时以此为契机，改善执行环境，建立长效机制，在全社会形成自觉履行生效法律文书的良好氛围，推

* 最高人民法院执行局法官。

动执行工作长远健康发展。

《意见》从如何依法制裁规避执行行为的角度，对现行民事诉讼法及相关实体法和司法解释的规定进行梳理，以被执行人财产申报制度和财产调查制度的完善为着力点，以追查被执行人财产为手段，以严厉打击拒执罪犯罪活动为国家强制力后盾，力求最大限度地保护申请执行人的合法权益。《意见》的及时出台和发布，对于指导全国各级法院依法制裁规避执行行为具有重要的指导意义。

《意见》有如下几个特点：一是从实际需要出发，结合实务中已经取得成功经验的做法，对下级法院反映强烈的突出问题提出解决方案；二是注重执行与审判的关系，力求协调二者在反规避执行中的不同作用，在人民法院内部形成反规避执行的合力；三是强调人民法院与其他相关部门的协调配合，注重发挥联动机制的作用，引导各级法院逐步建立或完善相关机制，将被执行人规避执行的可能降到最低。

二、强化多渠道查明被执行人财产

被执行人难找和执行财产难寻是困扰人民法院执行工作的两个难点，被执行人往往利用这两方面设置障碍、规避执行。关于如何查找被执行人的财产，《意见》将现行法律规定进一步明确，即被执行人报告、申请执行人提供线索和人民法院依职权调查三种方式相结合。同时，增加了执行实践中已取得成功经验的审计执行和悬赏举报作为补充。

被执行人的财产报告义务是民事诉讼法第二百一十七条规定的内容，《意见》强调了执行法院要严格落实财产报告制度，同时明确了无财产可供执行的被执行人应定期报告的原则，避免被执行人以无财产可供执行为由不进行财产报告。申请执行人提供财产线索也是查找被执行人财产的渠道之一，对于迅速准确地查控被执行人财产、缓解人民法院案多人少的压力都有积极的作用，《意见》吸收了实践中取得成功经验的做法，各地法院可以探索尝试以财产调查令或委托调查函等赋予代理律师法律规定范围内的财产调查权。关于人民法院依职权进行财产调查问题，《意见》明确要求各地法院要充分发挥联动机制的作用，与各有关单位进一步完善查控网络，拓宽调查渠道，简化调查手续，提高调查效率。

关于审计执行和悬赏举报，是作为上述三种调查手段的补充，这两种方式对于制裁被执行人以转移隐匿财产等方式规避执行效果很好。对于这两种调查方法的启动，《意见》明确了根据申请执行人的申请启动的原则，但审计费用和举报奖励资金的承担原则不同。审计费用由申请执行人垫付、实际执行到位后由被执行人承担，是因为发生审计的前提是被执行人既不履行义务，又有转移隐匿处分财产的情形，造成被执行人名下无可供执行财产的假象，被执行人有明显过错；而悬赏举报奖励资金因其性质不同则规定由申请执行人承担。

三、强化财产保全和执行措施

被执行人规避执行往往是将可供执行财产转移或隐匿，造成无财产可供执行的假象，所以在纠纷发生后必须强调对债务人可供执行财产的保全，防止其在执行程序开始前转移财产。主要有三个方面的内容，即加大对当事人的风险提示、加大财产保全力度和强化对担保财产的执行措施，目的是强调人民法院在立案、审判和执行的各个环节都要强化当事人的风险防范意识，加大财产保全力度，注重协调配合，做好手续衔接，降低债务人或者被执行人转移隐匿财产的风险。进入执行程序后，执行法院要依法加大对保全财产和担保财产的执行力度。

这里需要注意两点：一是在加大财产保全力度方面，既要强调依法保全，即在保全的申请、措施的采取、异议的审查等方面均应严格依照民事诉讼法和《最高人民法院关于人民法院民事执行中查封、扣押、冻结财产的规定》等司法解释执行；还要注重审判庭与执行局在财产保全方面的衔接，即诉讼程序与执行程序对同一被执行人或同一被保全标的物采取保全措施时效力的持续。二是在执行担保财产，尤其是对生效法律文书未涉及的担保人或第三人财产采取执行措施时，既要保护申请执行人的利益，又要保护被执行人、担保人或第三人的合法权益。所以，对相关异议要及时进行审查，同时强调在审查期间应当对相应财产采取有效的控制性措施，防止财产被转移或灭失的风险发生。

四、防范恶意诉讼

恶意诉讼是目前执行实践中存在的规避执行行为之一，虽然所占比例不大，但性质恶劣、后果严重、影响极坏，其损害的不仅是申请执行人的合法权益，更是审判和执行的公正和有序，如果不对恶意诉讼问题依法进行制裁，将对司法权威造成极大的危害。《意见》从三个方面对此进行了规定：

一是强调要严格执行案外人异议之诉的管辖问题。民事诉讼法修改后，赋予案外人就执行标的主张实体权利时可提起异议之诉的权利，《最高人民法院关于适用民事诉讼法执行程序若干问题的解释》第十八条明确规定，案外人异议之诉由执行法院管辖。但是，在执行实践中，屡屡出现被执行人与案外人恶意串通，在执行法院之外的其他法院就执行标的提起确权诉讼，且多是通过调解结案，达到通过生效裁判文书将执行标的确权给案外人、损害申请执行人利益的目的。《意见》从人民法院查封标的物入手，重申了法律和司法解释的规定，同时明确了其他法院已经受理尚未作出裁判的，应当中止审理或撤销案件，并告知案外人向执行法院起诉。一方面力争在案外人权益和申请执行人权益的保护之间达到平衡，另一方面也能引导债权人积极申请财产保全，有效防止恶意诉讼规避执行的行为。

二是加强对破产案件的监督。由于目前我国尚未建立强制破产制度，故《意见》从现行法律规定出发，对于被执行人通过虚假破产逃避执行的，执行法院或申请执行人均可以向受理破产案件的人民法院提出，申请执行人还可以向其上级法院提出申诉，有关法院应当依法进行监督。

三是明确对恶意诉讼取得的生效裁判应当再审。通过恶意诉讼规避执行的情形一般有两种：一是被执行人与案外人恶意串通，将执行标的确权或分割给案外人；二是被执行人与第三人恶意串通、虚构事实，取得生效裁判文书后由第三人申请参与分配，导致申请执行人的合法债权被稀释、缩水或者根本无法执行。对此，《意见》明确规定，执行法院可以向作出该裁判文书的人民法院或其上级法院提出书面建议，有关法院应当依法决定再审。

五、完善对被执行人债权的执行和保全

被执行人享有的债权也属于其责任财产范围，可以依法执行或保全。《意见》规定了三种情况：一是对生效法律文书确认债权的执行，即执行法院可以书面通知被执行人在限期内向有管辖权的人民法院申请执行该生效法律文书，若限期届满被执行人仍怠于申请执行，则执行法院可以强制执行该到期债权。二是可以依法保全未到期债权，但必须待该债权到期后才能参照到期债权予以执行。三是必须进行诉讼的情形，即根据合同法第七十三条、第七十四条的规定，应当提起代位权诉讼、撤销权诉讼的，执行法院可以告知申请执行人依法起诉。

《意见》首次明确规定了代位申请执行问题，区分两种情况：第一种情况是被执行人尚未向有管辖权的人民法院申请执行该生效法律文书，影响了本案申请执行人即被执行人的债权人合法权益的迅速实现。为了保护债权人的利益、简化相应的程序，《意见》规定，执行法院可以书面通知被执行人限期申请执行，限期届满被执行人仍怠于申请执行的，执行法院可以依法强

制执行该到期债权。第二种情况是被执行人已经申请执行的，本案的执行法院可以请求执行该债权的人民法院协助扣留相应的执行款物。同时也应注意，如另案当事人之间互负权利义务，或被执行人的债务人主张已经清偿或抵销的，应当依法审查并予以认定。

关于未到期债权的保全问题，是从加强财产保全入手，对债务人没有异议、仅是没有到期的可以采取保全措施，且必须待到期后才能参照到期债权予以执行。

六、加强民事和刑事处罚力度

规避执行行为的存在是多方面原因造成的，法律责任追究的力度不够也是原因之一。现行法律和有关立法、司法解释既规定了民事制裁措施，又规定了刑事处罚措施。如民事诉讼法第二百一十七条，规定了对拒绝报告或虚假报告的被执行人或其法定代理人、有关单位的主要负责人或直接责任人可以罚款、拘留；《全国人大常委会关于刑法第三百一十三条的解释》、《最高人民法院关于审理拒不执行判决、裁定案件具体应用法律若干问题的解释》等规定，对于被执行人、担保人、协助执行人或者其他人存在隐藏转移变卖毁损可供执行财产、拒不协助执行或者抗拒执行等情形的，可以依法追究刑事责任。但是，执行实践中，有的法院认为民事处罚手段力度不够。效果不好而不愿适用；同时，由于规避执行的手段较为隐蔽，证据难以收集，且追究程序复杂，导致拒执罪的适用难度较大，没有发挥其应有的威慑作用。

对此，《意见》首先强调要加大民事强制措施的适用，其次明确了对构成犯罪的规避执行行为要加大刑事制裁力度，最后强调了人民法院与公安、检察机关的沟通和协调，要探索建立快捷、便利、高效的协作配合机制，细化拒执罪和妨害公务罪的适用条件。同时，人民法院还要注意加强证据的收集，为公安和检察机关查处犯罪做好前期的证据收集工作。对于检察机关提起公诉的拒不执行和妨害公务案件，人民法院要抓紧审理，快速结案，加大判后宣传力度，充分发挥刑罚手段对规避执行行为的制裁力度。

七、多措并举有效防范

对于依法变更追加被执行主体问题，最高人民法院目前正在起草相关的司法解释。现阶段，对于应当在执行程序中变更追加被执行主体的，各地法院应当严格依照现行法律和司法解释的规定执行；对于不能在执行程序中变更追加被执行主体的，应当通过依法诉讼的途径解决。

《意见》强调要更加注重征信

体系的建立健全，充分利用威慑机制制裁规避执行行为。很多地方法院已经与当地有关部门签署了相关文件或会议纪要，形成了资源共享的信息平台，督促被执行人自觉履行法律义务，提升了社会公众的法律意识，这些做法得到了最高人民法院的充分肯定，并督促各地法院尽快完善征信体系的建设。

《意见》强调要充分运用限制高消费手段。《最高人民法院关于限制被执行人高消费的若干规定》出台后，有的法院能够充分运用，取得了良好的社会效果和法律效果，但在个别地方未能很好地运用，效果不够明显。故要求各地法院要逐步构建与有关单位的协作平台，明确其监管责任，细化协作方式，完善协助程序。

规避执行现象的存在是多因一果，是各种社会矛盾在司法领域中的集中体现之一，要杜绝规避执行行为、消除其不利影响，仅靠人民法院一家是不行的，必须多措并举、综合治理。在人民法院内部，要充分运用各种有效方法防范和制裁规避执行行为；在外部要依靠执行联动和执行威慑机制的建立，加强与相关协作单位的沟通配合，努力营造全社会支持人民法院执行工作、有效预防和抵制规避执行现象的良好氛围。同时也应注意到，解决规避执行问题是长期而艰巨的任务，不能一蹴而就，有些问题尚需其他司法解释或规范性文件加以逐步解决。《意见》的内容还不够完善，但其是开放性的，鼓励各地法院在实践中不断探索和创新。

最高人民法院

关于印发《第一次全国民事再审审查工作会议纪要》的通知

2011 年 4 月 21 日　　法〔2011〕159 号

各省、自治区、直辖市高级人民法院，解放军军事法院，新疆维吾尔自治区高级人民法院生产建设兵团分院：

2011 年 1 月 6 日至 7 日，最高人民法院召开了第一次全国民事再审审查工作会议。现将《第一次全国民事再审审查工作会议纪要》印发给你们，请结合审判工作实际，遵照执行。执行中有何问题，望及时报告我院。

附：

第一次全国民事再审审查工作会议纪要

为规范和加强人民法院民事再审审查工作，保障当事人申请再审权利，依法公正高效审查各类民事申请再审案件，推动民事再审审查工作科学发展，最高人民法院于2011年1月6日至7日在广东省广州市召开第一次全国民事再审审查工作会议。各省、自治区、直辖市高级人民法院、解放军军事法院、新疆维吾尔自治区高级人民法院生产建设兵团分院主管民事再审审查工作的副院长、民事再审审查机构负责人以及中央有关部门的代表共120余人参加了会议。最高人民法院院长王胜俊作重要批示，常务副院长沈德咏作重要讲话，副院长苏泽林作工作报告，立案二庭庭长郑学林对会议作了总结。

会议总结了修改后的民事诉讼法施行以来民事再审审查工作的情况，交流了工作经验，研究了审判实践中亟待解决的问题，对建立科学、有效的民事再审审查工作机制，推进民事再审审查工作提出了明确的目标和要求。与会同志通过认真讨论，就民事再审审查工作中涉及的部分问题达成了共识。现纪要如下：

一、民事再审审查工作的指导思想和原则

1. 民事再审审查工作是人民法院依法审查再审申请，确定再审事由是否成立，依法作出裁定的审判工作，是人民法院履行审判监督职能的重要内容，是保障当事人诉讼权利的法定手段，是启动民事再审程序的主要途径。

2. 民事再审审查工作应当坚持平等保护原则，既要依法保护申请再审人的诉讼权利，又要平等保护对方当事人的合法权益。

3. 民事再审审查工作应当坚持依法裁定原则。再审申请符合法定再审事由的，应当裁定再审，不符合的，应当裁定驳回，既要注重保护当事人的申请再审权，又要注重维护生效裁判的既判力。

4. 民事再审审查工作应当坚持“调解优先、调判结合”原则，积极探索符合民事申请再审案件特点的调解方法，努力化解社会矛盾。

5. 应当正确认识民事再审审查和再审审理的关系。民事再审审查和再审审理是审判监督程序的不同阶段。民事再审审查的主要任务是依据再审审查程序对再审申请是否符合法定再审事由进行审查，决定是否裁定再审。民事再审审理的主要任务是依据再审审理程序对裁定再审的案件进行审理，确定生效裁判是否确有错误，依法作出再审裁判。两个阶段具有不同的功能和裁判标准，不能简单地以再审改判率评判再审审查工作的质量。

二、民事申请再审案件的受理

6. 当事人对地方各级人民法院作出的已经发生法律效力的一审、二审民事判决、裁定、调解书，以及再审改变原审结果的民事判决、裁定、调解书，认为有法定再审事由，向上一级人民法院申请再审的，上一级人民法院应当受理。

当事人对不予受理、管辖权异议、驳回起诉以及按自动撤回上诉处理的裁定不服申请再审的，上一级人民法院应当受理。

7. 人民法院在审查申请再审案件过程中，被申请人或者其他当事人提出符合条件的再审申请的，应当将其列为申请再审人，对于其再审事由一并审查，审查期限重新计算。经审查，其中一方申请再审人主张的再审事由成立的，人民法院即应裁定再审。部分当事人主张的再审事由成立，其余当事人主张的再审事由不成立的，在裁定书中载明部分当事人主张的再审事由成立，对于其余当事人主张的再审事由是否成立不作结论。各方申请再审人主张的再审事由均不成立的，一并裁定驳回。

一方当事人申请再审经人民法院裁定再审后，被申请人或其他当事人在再审审理期间提出再审申请的，不再进行审查，移送再审审理机构处理。被申请人或其他当事人在前案再审结束后对原裁判申请再审的，告知其可针对新作出的再审裁判主张权利。

8. 案外人对判决、裁定、调解书确定的执行标的物主张权利，且无法提起新的诉讼解决争议而申请再审的，应予受理。

判决生效后当事人将判决确认的债权转让，债权受让人对该判决不服申请再审的，不予受理。

9. 当事人向原审人民法院申请再审的，原审人民法院应当做好释明、和解工作。原审人民法院发现本院生效判决、裁定确有错误，认为需要再审的，依照民事诉讼法第一百七十七条的规定处理。

10. 人民法院受理申请再审案件，应当依照《最高人民法院关于受理审查民事申请再审案件的若干意见》的规定，认真审查再审申请是否符合法定条件。有下列情形的，应当向申请再审人释明：

（1）申请再审人不是原审当事人、原审当事人的权利义务继受人或者《最高人民法院关于适用〈中华人民共和国民事诉讼法〉审判监督程序若干问题的解释》第五条规定的案外人；

（2）他人未经授权，以委托代理人名义代理当事人提出再审申请；

（3）再审申请不是向上一级人民法院提出；

（4）原审裁判系法律规定不得申请再审的裁判；

（5）申请再审的裁判尚未生效或已被再审撤销；

（6）再审申请书未列明再审事由或列明的再审事由不属于民事诉讼法第一百七十九条、第一百八十二条规定的再审事由范围；

（7）再审申请不符合民事诉讼法第一百八十四条规定的期间要求；

（8）其他不符合申请再审法定条件的情形。

人民法院受理再审申请后，发现当事人申请再审不符合法定条件的，裁定驳回再审申请。

11. 案件受理后，应当依法向申请再审人发送受理通知书，向被申请人和其他当事人发送受理通知书、再审申请书副本和送达地址确认书。因通讯地址不详等原因，受理通知书、再审申请书副本等材料未发送至当事人的，不影响案件的审查。

三、民事申请再审案件的审查

12. 人民法院审查民事申请再审案件，应当围绕当事人主张的再审事由是否成立进行，当事人未主张的事由不予审查。当事人主张的再审事由与其依据的事实和理由不一致的，可以向当事人释明。

13. 人民法院审查申请再审案件，可以根据案件具体情况，在审查当事人提交的再审申请书、书面意见后直接作出裁定，或者在审阅原审卷宗、询问当事人后作出裁定。

14. 人民法院审查申请再审案件可以根据审查工作需要调取相关卷宗，也可以要求原审人民法院以传真件、复印件、电子文档等方式及时报送相关卷宗材料。

上级人民法院决定调卷审查的，应当制发调卷函。调卷函应当载明案号、当事人名称、案由、送卷期限、调卷人及联系方式等内容，并写明需调取的卷宗案号。原审人民法院应当在收到调卷函后1个月内按要求调齐卷宗报送上级人民法院。各级人民法院应当确定专人负责调卷工作，提高调卷效率。

15. 人民法院可以根据审查工作需要询问一方或者各方当事人。对以有足以推翻原判决、裁定的新证据为由申请再审的案件，人民法院应当询问当事人。

询问由审判长或承办法官主持，围绕与再审事由相关的证据采信、事实认定、法律适用、裁判结果以及诉讼程序等问题和法院应当依职权查明的事项进行。

16. 人民法院审查民事申请再审案件，可以根据案件情况组织当事人进行调解。当事人经调解达成协议或自行达成和解协议，需要出具调解书的，应当裁定提审。提审后，由审查该申请再审案件的合议庭制作调解书。

当事人经调解达成协议或自行达成和解协议，申请撤回再审申请，经审查不违反法律规定的，应当裁定准许。当事人经调解达成协议或自行达成和解协议且已履行完毕，未申请撤回再审申请的，可以裁定终结审查。

17. 人民法院在审查过程中认为确有必要的，可以依职权调查核实案件事实，也可以向原审人民法院了解案件审理中的有关情况。

18. 人民法院应当自受理申请再审案件之日起 3 个月内审查完毕，但公告期间、鉴定期间、双方当事人申请调解期间以及调卷期间等不计入审查期限。有特殊情况需要延长的，由本院院长批准。

19. 审查过程中，出现下列情形之一的，裁定终结审查：

（1）申请再审人死亡或者终止，无权利义务承受人或者权利义务承受人声明放弃再审申请的；（2）在给付之诉中，负有给付义务的被申请人死亡或者终止，无可供执行的财产，也没有应当承担义务的人的；（3）当事人达成执行和解协议且已履行完毕的，但当事人在执行和解协议中声明不放弃申请再审权利的除外；（4）他人未经授权，以委托代理人名义代理当事人提出再审申请的；

（5）人民检察院对该案提出抗诉的；

（6）原审人民法院对该案裁定再审的。

四、民事申请再审案件再审事由的认定

20. 人民法院审查民事申请再审案件，应当区分再审事由类型，结合案件具体情况，准确掌握再审事由成立的条件。

原判决、裁定存在民事诉讼法第一百七十九条第一款第（七）项至第（十三）项以及该条第二款规定情形的，应当认定再审事由成立。

当事人依据民事诉讼法第一百七十九条第一款第（一）项至第（六）项申请再审的，人民法院判断再审事由是否成立，应当审查原判决、裁定在证据采信、事实认定、法律适用方面是否存在影响基本事实、案件性质、裁判结果等情形。

21. 申请再审人申请人民法院委托鉴定、勘验，并请求以鉴定结论、勘验笔录作为新证据申请再审的，不予支持。

申请再审人在原审中依法申请鉴定、勘验，原审人民法院应当准许而未予准许，且未经鉴定、勘验可能影响案件基本事实认定的，可以依据民事诉讼法第一百七十九条第一款第（二）项的规定审查处理。

22. 民事诉讼法第一百七十九条第一款第（三）项、第（四）项规定的主要证据是指原判决、裁定认定基本事实的证据。

23. 人民法院可以根据原审卷宗中的庭审笔录、证据交换笔录、答辩意见、代理词等材料判断原判决、裁定认定事实的主要证据是否未经质证。

申请再审人对原判决、裁定认定事实的主要证据在原审拒绝发表质证意见，又依照民事诉讼法第一百七十九条第一款第（四）项申请再审的，不予支持。

24. 申请再审人能够在一审答辩期间提出管辖权异议而未提出，判决、裁定生效后又依照民事诉讼法第一百七十九条第一款第（七）项申请再审的，不予支持。但违反专属管辖规定的除外。

25. 有下列情形之一的，应当认定为民事诉讼法第一百七十九条第一款第（八）项规定的审判组织的组成不合法的情形：

（1）人民陪审员独任审理的；

（2）应当组成合议庭审理的案件采用独任制审理的；

（3）合议庭成员曾参加同一案件一审、二审或者再审程序审理的；

（4）参加开庭的审判组织成员与参加合议、在判决书、裁定书上署名的审判组织成员不一致的，但依法变更审判组织成员的除外；

（5）变更审判组织成员未依法告知当事人的；

（6）其他属于审判组织不合法的情形。

26. 民事诉讼法第一百七十九条第一款第（八）项、第二款规定的“审判人员”包括参加一审、二审、再审程序审理的审判人员。

27. 民事诉讼法第一百七十九条第一款第（十二）项规定的原判决、裁定遗漏或超出诉讼请求的情形，包括遗漏或超出一审原告的诉讼请求、被告的反诉请求，二审上诉人的上诉请求，申请再审人的再审请求。

28. 当事人同时提出确认之诉和给付之诉，且确认之诉是给付之诉前提条件的，原判决在主文里仅对给付之诉作出判定，但在判决理由中对确认之诉进行了分析认定的，不属于遗漏诉讼请求的情形。

五、民事再审审查工作的监督指导

29. 上级人民法院裁定指令再审的案件，原审人民法院应当及时将再审结果反馈给上级人民法院。

上级人民法院裁定驳回再审申请后，原审人民法院依照民事诉讼法第一百七十七条的规定决定再审的，应当报请上级人民法院同意。

30. 上级人民法院应当充分发挥监督指导职能，及时总结民事再审审查工作中发现的法律适用等具有共性的问题，以适当形式予以公布，指导下级人民法院民事再审审查工作。

31. 上级人民法院应当建立信息通报制度，定期公布申请再审案件审查结果，通报辖区内下级人民法院民事案件的申请再审率、裁定再审率、按期送卷率等工作指标，实现上下级人民法院和同级人民法院之间信息共享和良性互动。

32. 人民法院再审审查机构应当加强与再审审理机构的沟通，建立再审案件审判结果跟踪制度，及时了解再审案件审判结果，认真查找工作中存在的问题，提升民事再审审查工作质效。

最高人民法院

关于印发《民事申请再审案件诉讼文书样式》的通知

2011年4月21日　　　　法〔2011〕160号

各省、自治区、直辖市高级人民法院，解放军军事法院，新疆维吾尔自治区高级人民法院生产建设兵团分院：

2011年1月，最高人民法院在广州召开第一次全国民事再审审查工作会议，各高级人民法院就修改和完善民事申请再审案件诉讼文书样式提出了很好的意见和建议。为了更好地指导各级人民法院正确适用民事诉讼法及相关司法解释，进一步规范和统一民事申请再审案件诉讼文书的制作，结合民事再审审查工作实际，特制定《民事申请再审案件诉讼文书样式》，现印发给你们。在适用本文书样式过程中有何问题，请及时报告最高人民法院。

特此通知。

附：

1.《关于民事申请再审案件诉讼文书写作的基本要求》

2.《民事申请再审案件诉讼文书样式》

附件 1

关于民事申请再审案件诉讼文书写作的基本要求

一、关于当事人基本情况部分

（一）当事人、案外人申请再审的，列为“申请再审人”；各方当事人均申请再审的，均列为“申请再审人”；再审申请书载明的被申请人列为“被申请人”；未提出再审申请或者未被列为被申请人的原审其他当事人按照其在一审、二审、再审中的地位依次列明，如“一审原告、二审被上诉人”；对不予受理裁定申请再审的案件，只列申请再审人。

（二）“申请再审人”、“被申请人”后的括号中按照“一审原告、反诉被告（或一审被告、反诉原告），二审上诉人（或二审被上诉人）、原申请再审人（或原被申请人）”列明当事人在一审、二审、再审中的诉讼地位；民事申请再审案件经过两次以上再审的，括号中的再审诉讼地位按照当事人在最后一次再审中的诉讼地位列明；再审程序是由人民检察院抗诉或者人民法院依职权启动的，括号中的再审诉讼地位按照“原申诉人（或原被申诉人）”列明；案外人申请再审的，在括号中列明“案外人”。

（三）当事人名称变化的，在名称后加括号注明原名称。

（四）当事人是自然人的，列明姓名、性别、民族、出生日期、职业、住址；自然人职业不明确的，可以不表述；当事人是法人或者其他组织的，列明名称、住所和法定代表人或者主要负责人的姓名、职务。

（五）当事人是自然人的，住址写为“住（具体地址）”；申请再审书上载明的地址与生效裁判或身份证上载明的住址不一致的，住址写为“住（身份证上载明的住址），现住（申请再审书上载明的地址）”。当事人是法人或者其他组织的，住所写为“住所地：（营业执照上载明的住所）”。

当事人住址或住所在市辖区的，写为“××省（直辖市、自治区）××市××区（具体地址）”；当事人住址或住所在市辖县、市辖县级市的，写为“××省（直辖市、自治区）××县（市）（具体地址）”，不写所在地级市（地区）；如有两个以上当事人住址相同，应当分别写明，不能用“住址同上”代替。

（六）法人或者其他组织的法定代表人或主要负责人写为“法定代表人（或负责人）：×××，该公司（或厂、村委会等）董事长（或厂长、主任等职务）”。

（七）委托代理人是律师的，写为“委托代理人：×××，×××律师事务所律师”，并审核其律师执业证书、律师事务所函、授权委托书和代理权限；委托代理人是同一律师事务所律师的，应当分别写明所在律师事务所；同一律师事务所的实习律师与律师共同担任委托代理人的，实习律师写为“委托代理人：×××，×××律师事务所实习律师”；委托代理人是法律工作者的，写为“委托代理人：×××，×××法律服务所法律工作者”。

委托代理人是自然人的，写为“委托代理人：×××，性别，民族，出生日期，职业，住址”，并审核其身份证、授权委托书和代理权限；委托代理人是当事人近亲属的，还应当在姓名之后用括号注明其与当事人的关系；律师助理以委托代理人身份参加诉讼的，按照委托代理人是自然人的情形写明姓名、性别等基本情况；法人或者其他组织的工作人员受所在单位委托代为诉讼的，写为“委托代理人：×××，该公司（或厂、村委会等）工作人员（可写明职务）”，并审核其身份证、授权委托书和代理权限。

（八）诉讼地位与当事人姓名或名称、代理人姓名之间用冒号隔开。

示例：

申请再审人（一审被告、二审被上诉人、原被申请人）：××生物技术工程有限公司（原××生物技术研究所）。住所地：××省××市××区××街××号。

法定代表人：×××，该公司董事长。

委托代理人：×××，该公司法律顾问。

委托代理人：×××，××律师事务所律师。

被申请人（一审原告、二审上诉人、原申请再审人）：××银行××分行。住所地：北京市××区××路××号。

负责人：×××，该公司总经理。

委托代理人：×××，××律师事务所律师。

委托代理人：×××，××律师事务所实习律师。

一审被告、二审上诉人：×××市城市管理局。住所地：××省××市××路××号。

法定代表人：×××，该局局长。

二、关于案件来源部分

（一）本部分在当事人全称后加括号注明简称。

（二）当事人简称应当保持一致，做到简明规范，体现当事人的特点。

（三）未提出再审申请或者未被列为被申请人的原审其他当事人应当在被申请人之后，按照其在一审、二审、再审中的诉讼地位依次列明。民事申请再审案件经过两次以上再审的，再审诉讼地位按照当事人在最后一次再审中的诉讼地位列明；再审程序是由人民检察院抗诉或者人民法院依职权启动的，再审诉讼地位按照“原申诉人（或原被申诉人）”列明。

（四）申请再审的裁判文书表述为“不服××人民法院（××××）×法民×字第××号民事判决（裁定、调解书）”。示例：

申请再审人天成生物技术工程有限公司（以下简称天成公司）因与被申请人中阳科技发展有限公司（以下简称中阳公司），一审被告、二审上诉人××市城市管理局（以下简称××城管局）居间合同纠纷一案，不服××省××人民法院（××××）×法民××字第××号民事判决，向本院申请再审。本院依法组成合议庭对本案进行了审查，现已审查终结。

三、关于申请再审的事实与理由部分

（一）本部分首句表述为“×××（申请再审人的简称）申请再审称”，中间与具体事实和理由以冒号隔开。

（二）对于申请再审的事实与理由应当进行总体概括，做到简洁、准确、全面，避免按照再审申请书罗列的具体事实和理由照抄。

（三）申请再审的事实与理由有多个，且分为多级层次的，结构层次序数依次按照“（一）”、“1.”和“（1）”写明，应注意“（一）”和“（1）”之后不加顿号，结构层次序数中的阿拉伯数字右下用圆点，不用逗号或顿号；只有一级层次的，结构层次序数写为“1.”、“2.”、“3.”；有两级层次的，写为“（一）”、“1.”；有三级层次的，写为“（一）”、“1.”、“（1）”。

（四）本部分应在结尾处写明申请再审的法律依据，表述为“×××依据《中华人民共和国民事诉讼法》第××条第×款第×项的规定申请再审。”

示例：

××公司申请再审称：（一）本案一、二审判决存在被告主体不适格的问题。（概括理由）。（二）本案违反法律规定，管辖错误。1. 本案不属专属管辖。2. 本案属于合同纠纷。3. 当事人对管辖地进行了约定。（三）本案判决缺乏事实依据。××公司依据《中华人民共和国民事诉讼法》第一百七十九条第一款第（二）项、第（六）项和第（七）项的规定申请再审。

四、关于被申请人意见部分

（一）被申请人以书面或口头形式发表意见的，表述为“×××提交意见认为，×××的再审申请缺乏事实与法律依据，请求予以驳回”；也可以根据案件情况对被申请人的意见进行归纳。

（二）被申请人未提交书面或口头意见的，不作表述。

五、关于本院审查查明部分

驳回再审申请的案件，如在审查过程中查明了与申请再审事由相关的新的事实，可以在本部分写明，对于原审查明的事实不予表态。当事人诉讼主体资格变化的，应当在本部分写明。

六、关于本院经审查认为部分

本部分应针对申请再审事由和理由逐一进行分析评判，避免漏审。

七、几点技术性要求

（一）为避免引起歧义，裁定书中不使用“原审”的表述，应当指出具体审级，如“二审法院”、“再审判决”。

（二）在裁定书中指代本院时，应当使用“本院”，不应使用“我院”的表述。

（三）当事人有简称的，在当事人基本情况、案件来源和裁定书主文部分用当事人全称，裁定书其余部分均用简称指代该当事人，不使用“申请再审人、被申请人”等代称。出现次数很少的当事人不必使用简称。

（四）第一次引用法律或司法解释的，应写明全称并注明简称，如《中华人民共和国合同法》（以下简称合同法），此后使用该简称不加书名号。引用次数很少的法律或司法解释不必使用简称。

（五）引用法律法规条文，应当用汉字注明条文序号，如《中华人民共和国合同法》第六十六条。引用司法解释，司法解释条文序号使用汉字的，用汉字注明条文序号，如《最高人民法院关于适用〈中华人民共和国合同法〉若干问题的解释（二）》第十条；司法解释条文序号使用阿拉伯数字的，用阿拉伯数字注明条文序号，如《最高人民法院关于适用〈中华人民共和国民事诉讼法〉若干问题的意见》第1条。

（六）五位及五位以上的阿拉伯数字，数字应当连续写，数字中间不加空格或分节号，如123456元；尾数零多的，可以改写为以万、亿作单位的数，如100000元可以写作10万元。一个用阿拉伯数字书写的多位数不能移行。

本规定自公布之日起施行。

附件2

民事申请再审案件诉讼文书样式

目录

1. 民事申请再审案件受理通知书（通知申请再审人用）
2. 民事申请再审案件受理通知书（通知被申请人用）
3. 民事申请再审案件受理通知书（通知原审其他当事人用）
4. 当事人送达地址确认书
5. 调卷函
6. 审查报告
7. 民事裁定书（本院提审用）
8. 民事裁定书（指令下级法院再审用）
9. 内部函（指令下级法院再审用）
10. 民事裁定书（驳回当事人再审申请用）
11. 民事裁定书（审查中准许或不准许撤回再审申请用）
12. 民事裁定书（审查中按当事人撤回再审申请处理用）
13. 民事裁定书（终结对再审申请的审查用）
14. 民事调解书（审查中调解达成协议用）

样式1：民事申请再审案件受理通知书（通知申请再审人用）

×××人民法院
民事申请再审案件受理通知书

（××××）×民申（民再申）字第××号

×××（写明申请再审人的姓名或名称）：

你（你单位）因与×××（写明对方当事人的姓名或名称）、×××（写明原审其他当事人的姓名或名称）……（案由）纠纷一案，不服×××人民法院于××××年××月××日作出的（××××）×民××号民事判决（裁定或调解书），向本院申请再审，本院已立案审查。

特此通知。

注：如需向本院提交或补充材料，应列明材料清单，一并通过邮局邮寄给××省××市××路××号××人民法院××庭×××（写明案件承办人）；邮编：×××。

××××年××月××日

（院 印）

说明：

1. 本受理通知书样式供上一级人民法院受理当事人提出的再审申请后，通知提出再审申请的当事人时使用。

2. 标题中的法院名称，应当与法院院印的文字一致，但基层人民法院应当冠以省、自治区、直辖市名称。

3. 根据《中华人民共和国民事诉讼法》第一百七十八条、第一百七十九条和第一百八十四条、《最高人民法院关于适用〈中华人民共和国民事诉讼法〉审判监督程序若干问题的解释》第一条、第七条的规定，当事人在法定的申请再审期限内，以民事诉讼法列明的再审事由，向原审人民法院的上一级人民法院申请再审，且其提交的再审申请书等材料符合规定条件的，上一级人民法院应当依法受理，在五日内完成向申请再审人发送受理通知书等登记受理手续。在受理通知书中，应告知当事人其再审申请已经立案审查。

样式2：民事申请再审案件受理通知书（通知被申请人用）

×××人民法院
民事申请再审案件受理通知书

（××××）×民申（民再申）字第××号

×××（写明被申请人的姓名或名称）：

×××（写明申请再审人的姓名或名称）因与你（你单位）、×××（写明原审其他当事人的姓名或名称）……（案由）纠纷一案，不服×××人民法院于××××年××月××日作出的（××××）×民××号民事判决（裁定或调解书），向本院申请再审，本院已立案审查。现依法向你（你单位）发送再审申请书副本。你（你单位）应当自收到再审申请书副本之日起十五日内提交书面意见；不提交书面意见，不影响本院审查。

特此通知。

注：如需向本院提交或补充材料，应列明材料清单，一并通过邮局邮寄给××省××市××路××号××人民法院××庭×××（写明案件承办人）；邮编：×××。

附：

1. 再审申请书副本一份

2. 当事人送达地址确认书一份

××××年××月××日

（院 印）

说明：

1. 本受理通知书样式供上一级人民法院受理当事人提出的再审申请后，通知被申请人时使用。

2. 根据《中华人民共和国民事诉讼法》第一百八十条、《最高人民法院关于适用〈中华人民共和国民事诉讼法〉审判监督程序若干问题的解释》第七条的规定，上一级人民法院受理再审申请后，应当在五日内向对方当事人发送案件受理通知书及再审申请书副本。对方当事人包括被申请人及原审其他当事人。

3. 为便于再审审查工作顺利开展，在向被申请人发送受理通知书及申请再审书副本时，应当附当事人送达地址确认书。

样式3：民事申请再审案件受理通知书（通知原审其他当事人用）

×××人民法院
民事申请再审案件受理通知书

（××××）×民申（民再申）字第××号

×××（写明原审其他当事人的姓名或名称）：

×××（写明申请再审人的姓名或名称）因与×××（写明被申请人的姓名或名称）以及你（你单位）……（案由）纠纷一案，不服×××人民法院于××××年××月××日作出的（××××）×民××号民事判决（裁定或调解书），向本院申请再审，本院已立案审查。现依法向你（你单位）发送再审申请书副本。你（你单位）应当自收到再审申请书副本之日起十五日内提交书面意见；不提交书面意见，不影响本院审查。

特此通知。

注：如需向本院提交或补充材料，应列明材料清单，一并通过邮局邮寄给××省××市××路××号××人民法院××庭×××（写明案件承办人）；邮编：×××。

附：

1. 再审申请书副本一份
2. 当事人送达地址确认书一份

××××年××月××日

（院印）

说明：

1. 本受理通知书样式供上一级人民法院受理当事人提出的再审申请后，通知原审其他当事人时使用。

2. 根据《中华人民共和国民事诉讼法》第一百八十条、《最高人民法院关于适用〈中华人民共和国民事诉讼法〉审判监督程序若干问题的解释》第七条的规定，上一级人民法院受理再审申请后，应当在五日内向对方当事人发送案件受理通知书及再审申请书副本。对方当事人包括被申请人及原审其他当事人。

3. 为便于再审审查工作顺利开展，在向原审其他当事人发送受理通知书及申请再审书副本时，应当附当事人送达地址确认书。

样式 4：

×××人民法院
当事人送达地址确认书

<table>
<tr><td>案由</td><td colspan="4"></td></tr>
<tr><td>案号</td><td colspan="4"></td></tr>
<tr><td>告知事项</td><td colspan="4">为便于当事人及时收到人民法院诉讼文书，保证诉讼程序顺利进行，当事人应当如实提供确切的送达地址；
确认的送达地址适用于民事申请再审案件；
再审审查期间如果送达地址有变更，应当及时告知人民法院变更后的送达地址；
如果提供的地址不确切，或不及时告知变更后的地址，使诉讼文书无法送达或未及时送达，当事人将自行承担由此可能产生的法律后果；
有关送达的法律规定，见本确认书后页。</td></tr>
<tr><td rowspan="4">送达地址</td><td>当事人</td><td colspan="3"></td></tr>
<tr><td>送达地址</td><td colspan="3"></td></tr>
<tr><td>电话（手机）</td><td></td><td>邮编</td><td></td></tr>
<tr><td>其他联系方式</td><td colspan="3"></td></tr>
</table>

<table>
<tr><td>当事人确认</td><td>我已经阅读（听明白）本确认书的告知事项，提供了上栏送达地址，并保证所提供的送达地址各项内容是正确的、有效的。

当事人（签章）
年　月　日</td></tr>
<tr><td>备注</td><td></td></tr>
<tr><td>法院工作人员签名</td><td></td></tr>
</table>

收到后请于一周内填妥寄回

当事人送达地址确认书后页

最高人民法院

关于以法院专递方式邮寄送达民事诉讼文书的若干规定

（节选）

第一条　法院专递的适用范围

人民法院直接送达诉讼文书有困难的，可以交由国家邮政机构（以下简称邮政机构）以法院专递方式邮寄送达，但有下列情形之一的除外：

（一）受送达人或者其诉讼代理人、受送达人指定的代收人同意在指定的期间内到人民法院接受送达的；

（二）受送达人下落不明的；

（三）法律规定或者我国缔结或者参加的国际条约中约定有特别送达方式的。

第二条　法院专递的法律效力

以法院专递方式邮寄送达民事诉讼文书的，其送达与人民法院送达具有同等法律效力。

第三条　送达地址的提供或者确认

当事人起诉或者答辩时应当向人民法院提供或者确认自己准确的送达地址，并填写送达地址确认书。当事人拒绝提供的，人民法院应当告知其拒不提供送达地址的不利后果，并记入笔录。

第五条 送达地址的推定

当事人拒绝提供自己的送达地址，经人民法院告知后仍不提供的，自然人以其户籍登记中的住所地或者经常居住地为送达地址；法人或者其他组织以其工商登记或者其他依法登记、备案中的住所地为送达地址。

第十一条 法律后果及其除外条件

因受送达人自己提供或者确认的送达地址不准确、拒不提供送达地址、送达地址变更未及时告知人民法院、受送达人本人或者受送达人指定的代收人拒绝签收，导致诉讼文书未能被受送达人实际接收的，文书退回之日视为送达之日。

受送达人能够证明自己在诉讼文书送达的过程中没有过错的，不适用前款规定。

样式5：

调卷函

（××××）×民申（民再申）字第××号

×××人民法院：

申请再审人×××（写明申请再审人的姓名或名称）因与被申请人×××（写明被申请人的姓名或名称）、×××（写明原审其他当事人的姓名或名称）……（案由）纠纷一案，不服你院（××××）×民××号民事判决（裁定或调解书），向我院申请再审。我院经研究，决定对本案调卷审查。请你院接到本通知之日起30日内，检齐本案全部卷宗报送我院。

需调取卷宗的案件案号：

1. ×××人民法院（××××）×民××字第××号；
2. ×××人民法院（××××）×民××字第××号；

……。

联系人：×××

电 话：×××

××××年××月××日

（×××人民法院××庭印）

说明：

本调卷函供上一级人民法院调取民事申请再审案件的原审卷宗时使用。

样式6：审查报告

关于申请再审人×××与被申请人×××……（案由）一案的审查报告

（××××）×民申（民再申）字第××号

一、案件来源

申请再审人×××（写明申请再审人的姓名或名称）因与被申请人×××（写明被申请人的姓名或名称）、×××（写明原审其他当事人的姓名或名称）……（案由）纠纷一案，不服××人民法院（××××）×民××号民事判决（裁定或调解书），向我院申请再审。

简要概括诉讼经过，表述为“本案原由×××（写明原告姓名或名称）于×年×月×日向××人民法院提起诉讼，该院于×年×月×日作出（××××）×民××字第××号民事判决（裁定或调解书）。×××不服，向××人民法院提起上诉，该院于×年×月×日作出（××××）×民××号民事判决。”

二、当事人基本情况

申请再审人（一审、二审诉讼地位）：××公司。住所地：××省××市××区××街××号。

法定代表人：×××，职务。

委托代理人：×××，××律师事务所律师。

被申请人（一审、二审诉讼地位）：×××，性别，民族，出生日期，职业，住××省××县××路××号。

委托代理人：×××，性别，民族，出生日期，职业，住××省××县××路××号。

三、一审审理情况

概述一审查明的事实和裁判情况，写明原告诉讼请求。从本部分起，在第一次使用当事人全称后注明简称，并注意保持简称同一。

四、二审审理情况

概述二审上诉人上诉请求和理由、二审查明的事实和裁判情况。

二审查明事实与一审相同的，不必重复。

五、申请再审事由和被申请人意见

概括申请再审人主张的再审事由及具体事实理由，做到简洁、准确、全面。

概括被申请人的书面或口头意见，供合议庭评议时参考。

原审其他当事人以书面或口头形式发表意见的，亦应概括写明。

六、审查查明的事实

如在审查过程中查明了与申请再审事由相关的新的事实，以及当事人诉讼主体资格变化等情况，在这一部分写明。

七、承办人审查意见

针对申请再审事由和理由逐一分析评判，提出明确处理意见，避免漏审。

八、需要说明的问题

如有矛盾激化、社会影响大等其它特殊情况，可在这一部分予以说明。

九、合议庭意见

需要提交审判长联席会讨论的案件，写明合议庭意见。

承办人：（签名）

××××年××月××日

样式7：民事裁定书（本院提审用）

××××人民法院
民事裁定书

（××××）×民申（民再申）字第××号

申请再审人（一、二审诉讼地位）：……（写明姓名或名称等基本情况）。

法定代表人（或负责人）：……（写明姓名和职务）。

法定代理人（或指定代理人）：……（写明姓名等基本情况）。

委托代理人：……（写明姓名等基本情况）。

被申请人（一、二审诉讼地位）：……（写明姓名或名称等基本情况）。

法定代表人（或负责人）：……（写明姓名和职务）。

法定代理人（或指定代理人）：……（写明姓名等基本情况）。

委托代理人：……（写明姓名等基本情况）。

一审原告（或生效裁判中的其他称谓）：……（写明姓名或名称等基本情况）。

法定代表人（或负责人）：……（写明姓名和职务）。

法定代理人（或指定代理人）：……（写明姓名等基本情况）。

委托代理人：……（写明姓名等基本情况）。

申请再审人×××因与被申请人×××、×××（写明原审其他当事人的姓名或名称）……（案由）纠纷一案，不服×××人民法院（××××）×民××号民事判决（裁定或调解书），向本院申请再审。本院依法组成合议庭对本案进行了审查，现已审查终结。

本院认为，×××的再审申请符合《中华人民共和国民事诉讼法》第一百七十九条第一款第……项（或第二款）规定的情形。依照《中华人民共和国民事诉讼法》第一百八十一条、第一百八十五条之规定（如果是针对调解书申请再审，则表述为“×××的再审申请符合《中华人民共和国民事诉讼法》第一百八十二条的规定。依照《中华人民共和国民事诉讼法》第一百八十二条、第一百八十五条之规定”），裁定如下：

一、本案由本院提审；

二、再审期间，中止原判决（裁定或调解书）的执行。

院　长　×××

××××年××月××日
（院印）

本件与原本核对无异

书记员　×××

说明：

1. 本裁定书样式供上一级人民法院对当事人提出的再审申请进行审查后，认为本案符合民事诉讼法第一百七十九条或第一百八十二条的规定，裁定由本院提审时使用。

2. 当事人的地位表述为“申请再审人（一、二审的诉讼地位）”、“被申请人（一、二审的诉讼地位）”；其他当事人按原审诉讼地位表述，例如，一审终审的，列为“一审原告”或“一审被告”、“一审第三人”；二审终审的，列为“一审原告、二审上诉人”或“一审被告、二审被上诉人”等。

3. 在阐述裁定理由时，指出本案符合《中华人民共和国民事诉讼法》第××条第×款第×项规定的情形即可，不需阐述具体理由，不作“原判确有错误”、“原判认定事实不清、适用法律有误”之类的表述；当事人在再审审查阶段达成调解协议申请由人民法院裁定提审后制作民事调解书的，提审裁定的提审理由表述为“本案符合《中华人民共和国民事诉讼法》的规定”。

4. 当事人双方申请再审，一方主张的再审事由成立，另一方主张的再审事由不成立的，本裁定书仅写明一方的再审申请符合《中华人民共和国民事诉讼法》第××条第×款第×项规定的情形，对于另一方再审申请是否成立不必表态。

5. 依据《中华人民共和国民事诉讼法》第一百八十五条的规定，本裁定书应当由人民法院院长署名。

样式8：民事裁定书（指令下级法院再审用）

××××人民法院
民事裁定书

（××××）×民申（民再申）字第××号

申请再审人（一、二审诉讼地位）：……（写明姓名或名称等基本情况）。

法定代表人（或负责人）：……（写明姓名和职务）。

法定代理人（或指定代理人）：……（写明姓名等基本情况）。

委托代理人：……（写明姓名等基本情况）。

被申请人（一、二审诉讼地位）：……（写明姓名或名称等基本情况）。

法定代表人（或负责人）：……（写明姓名和职务）。

法定代理人（或指定代理人）：……（写明姓名等基本情况）。

委托代理人：……（写明姓名等基本情况）。

一审原告（或生效裁判中的其他称谓）：……（写明姓名或名称等基本情况）。

法定代表人（或负责人）：……（写明姓名和职务）。

法定代理人（或指定代理人）：……（写明姓名等基本情况）。

委托代理人：……（写明姓名等基本情况）。

申请再审人×××因与被申请人×××、×××（写明原审其他当事人的姓名或名称）……（案由）纠纷一案，不服×××人民法院（××××）×民××号民事判决（裁定或调解书），向本院申请再审。本院依法组成合议庭对本案进行了审查，现已审查终结。

本院认为，×××的再审申请符合《中华人民共和国民事诉讼法》第一百七十九条第一款第……项（或第二款）规定的情形。依照《中华人民共和国民事诉讼法》第一百八十一条、第一百八十五条之规定（如果是针对调解书申请再审，则表述为“×××的再审申请符合《中华人民共和国民事诉讼法》第一百八十二条的规定。依照《中华人民共和国民事诉讼法》第一百八十二条、第一百八十五条之规定”），裁定如下：

一、指令×××人民法院再审本案；

二、再审期间，中止原判决（裁定或调解书）的执行。

院　长　×××

××××年××月××日
（院　印）

本件与原本核对无异

书记员　×××

说明：

1. 本裁定书样式供上一级人民法院对当事人提出的再审申请进行审查后，认为本案符合民事诉讼法第一百七十九条或第一百八十二条的规定，裁定指令下级人民法院再审时使用。

2. 在阐述裁定理由时，指出本案符合《中华人民共和国民事诉讼法》第××条××款××项规定的情形即可，不需阐述具体理由，不作“原判确有错误”、“原判认定事实不清、适用法律有误”之类的表述。

3. 当事人双方申请再审，一方主张的再审事由成立，另一方主张的再审事由不成立的，本裁定书仅写明一方的再审申请符合《中华人民共和国民事诉讼法》第××条××款××项规定的情形，对于另一方再审申请是否成立不必表态。

4. 依据《中华人民共和国民事诉讼法》第一百八十五条的规定，本裁定书应当由人民法院院长署名。

样式9：内部函（指令下级法院再审用）

（××××）×民申（民再申）字第××号

×××人民法院：

申请再审人×××因与被申请人×××、×××（写明原审其他当事人的姓名或名称）……（案由）纠纷一案，不服你院（××××）×民××号民事判决（裁定或调解书），向我院申请再审。我院现以（××××）×民申（民再申）字第××号民事裁定指令你院再审。再审时请注意以下问题：

……（根据案件具体情况指出需要注意的问题。需要分层次的，按照

“（一）”、“1.”、“（1）”的序号列明。）

请你院依法及时审理，并将审理结果报告我院。

××××年××月××日

（院 印）

审理结果反馈地址：××××人民法院××××庭

邮 编：××××××

联系人：××× 办公电话：×××

说明：

1. 本内部函样式供指令再审时，与裁定书一并发下级人民法院时用。

2. 在内部函中，对于意见一致，有把握的问题，以肯定的语气明确指出。对于需要在再审中进一步研究或查明的问题，以商榷语气指出。

3. 在内部函中，一律用“我院”指代本院，不要用“本院”。

4. 为便于再审法院向上一级法院反馈再审结果，在内部函中，应当写明再审结果反馈联系人的姓名、联系电话。再审结果反馈联系人一般为案件承办人。

样式10：民事裁定书（驳回当事人再审申请用）

××××人民法院
民事裁定书

（××××）×民申（民再申）字第××号

申请再审人（一、二审诉讼地位）：……（写明姓名或名称等基本情况）。

法定代表人（或负责人）：……（写明姓名和职务）。

法定代理人（或指定代理人）：……（写明姓名等基本情况）。

委托代理人：……（写明姓名等基本情况）。

被申请人（一、二审诉讼地位）：……（写明姓名或名称等基本情况）。

法定代表人（或负责人）：……（写明姓名和职务）。

法定代理人（或指定代理人）：……（写明姓名等基本情况）。

委托代理人：……（写明姓名等基本情况）。

一审原告（或生效裁判中的其他称谓）：……（写明姓名或名称等基本情况）。

法定代表人（或负责人）：……（写明姓名和职务）。

法定代理人（或指定代理人）：……（写明姓名等基本情况）。

委托代理人：……（写明姓名等基本情况）。

申请再审人×××（以下简称×××）因与被申请人×××（以下简称×××）、×××（写明原审其他当事人的姓名或名称）……（案由）纠纷一案，不服×××人民法院（××××）×民××号民事判决（裁定或调解书），向本院申请再审。本院依法组成合议庭对本案进行了审查，现已审查终结。

×××（申请再审人简称）申请再审称：……（概括申请再审的事实与理由，做到简洁、准确、全面，避免按照再审申请书罗列的具体事实和理由照抄）。

×××（被申请人简称）提交意见认为，×××的再审申请缺乏事实与法律依据，请求予以驳回。（根据案件情况，可对被申请人的意见进行归纳。被申请人未提交书面或口头意见的，不在此表述）。

本院审查查明：……（写明审查过程中查明的新的事实和证据，对于原审查明的事实不予表态。没有新的事实和证据的，不写这一部分）。

本院认为：……（针对申请再审事由和理由逐一进行分析评判，阐明应予驳回的理由）。

综上，×××的再审申请不符合《中华人民共和国民事诉讼法》第××条第×款第×项规定的情形。依照《中华人民共和国民事诉讼法》第一百八十一条第一款之规定，裁定如下：

驳回×××的再审申请。

（当事人对调解书申请再审的，表述为：）

综上，×××的再审申请不符合《中华人民共和国民事诉讼法》第一百八十二条的规定。依照《中华人民共和国民事诉讼法》第一百八十一条第一款、第一百八十二条之规定，裁定如下：

驳回×××的再审申请。

（再审申请超过法定期限的，表述为：）

×××的再审申请已超过《中华人民共和国民事诉讼法》第一百八十

四条规定的申请再审期限。依照《中华人民共和国民事诉讼法》第一百八十一条第一款、第一百八十四条之规定，裁定如下：

驳回×××的再审申请。

（再审申请不属于法定再审事由范围的，表述为：）

×××的再审申请不属于《中华人民共和国民事诉讼法》第一百七十九条规定的再审事由。依照《中华人民共和国民事诉讼法》第一百八十一条第一款、《最高人民法院关于适用〈中华人民共和国民事诉讼法〉审判监督程序若干问题的解释》第十九条第二款之规定，裁定如下：

驳回×××的再审申请。

（案外人申请再审的，表述为：）

×××的再审申请不符合《最高人民法院关于适用〈中华人民共和国民事诉讼法〉审判监督程序若干问题的解释》第五条的规定。依照《中华人民共和国民事诉讼法》第一百八十一条第一款、《最高人民法院关于适用〈中华人民共和国民事诉讼法〉审判监督程序若干问题的解释》第五条之规定，裁定如下：

驳回×××的再审申请。

审判长　×××
审判员　×××
审判员　×××

××××年××月××日
（院印）

本件与原本核对无异

书记员　×××

说明：

1. 本裁定书样式供上一级人民法院对当事人提出的再审申请进行审查后，认为本案不符合民事诉讼法第一百七十九条、第一百八十二条的规定，予以驳回时使用。

2. 本裁定由合议庭署名。

样式11：民事裁定书（审查中准许或不准许撤回再审申请用）

××××人民法院
民事裁定书

（××××）×民申（民再申）字第××号

申请再审人（一、二审诉讼地位）：……（写明姓名或名称等基本情况）。

法定代表人（或负责人）：……（写明姓名和职务）。

法定代理人（或指定代理人）：……（写明姓名等基本情况）。

委托代理人：……（写明姓名等基本情况）。

被申请人（一、二审诉讼地位）：……（写明姓名或名称等基本情况）。

法定代表人（或负责人）：……（写明姓名和职务）。

法定代理人（或指定代埋人）：……（写明姓名等基本情况）。

委托代理人：……（写明姓名等基本情况）。

一审原告（或生效裁判中的其他称谓）：……（写明姓名或名称等基本情况）。

法定代表人（或负责人）：……（写明姓名和职务）。

法定代理人（或指定代理人）：……（写明姓名等基本情况）。

委托代理人：……（写明姓名等基本情况）。

申请再审人×××因与被申请人×××、×××（写明原审其他当事人的姓名或名称）……（案由）纠纷一案，不服×××人民法院（××××）×民××号民事判决（裁定或调解书），向本院申请再审。本院依法组成合议庭，对本案进行了审查。

本院审查过程中，……（简要写明申请再审人提出撤回其再审申请的情况，包括时间、理由等内容）。

本院认为，×××在本案审查期间提出撤回再审申请的请求，不违反法律规定，本院予以准许（如果审查后不准许撤回再审申请的，则写明不准许撤回申请的理由）。依照《中华人民共和国民事诉讼法》第一百四十条、《最高人民法院关于适用〈中华人民共和国民事诉讼法〉审判监督程序若干问题的解释》第二十三条第一款之规定，裁定如下：

（第一种情况，准许撤回再审申请）

准许×××（写明申请再审人的姓名或名称）撤回再审申请。

（第二种情况，不准许撤回再审申请）

不准许×××（写明申请再审人的姓名或名称）撤回再审申请。

审判长　×××

审判员　×××

审判员　×××

××××年××月××日

（院印）

本件与原本核对无异

书记员　×××

说明：

1. 本裁定书样式供上一级人民法院在审查申请再审案件过程中，当事人提出撤回再审申请的，人民法院准许或者不准许时使用。

2. 本裁定书简要阐明理由即可，无需涉及原生效裁判内容和申请再审理由等。

3. 对“不准许撤回再审申请”的，一般可用口头裁定，记入笔录；必要时也可使用书面裁定。

样式12：民事裁定书（审查中按当事人撤回再审申请处理用）

××××人民法院

民事裁定书

（××××）×民申（民再申）字第××号

申请再审人（一、二审诉讼地位）：……（写明姓名或名称等基本情况）。

法定代表人（或负责人）：……（写明姓名和职务）。

法定代理人（或指定代理人）：……（写明姓名等基本情况）。

委托代理人：……（写明姓名等基本情况）。

被申请人（一、二审诉讼地位）：……（写明姓名或名称等基本情况）。

法定代表人（或负责人）：……（写明姓名和职务）。

法定代理人（或指定代理人）：……（写明姓名等基本情况）。

委托代理人：……（写明姓名等基本情况）。

一审原告（或生效裁判中的其他称谓）：……（写明姓名或名称等基本情况）。

法定代表人（或负责人）：……（写明姓名和职务）。

法定代理人（或指定代理人）：……（写明姓名等基本情况）。

委托代理人：……（写明姓名等基本情况）。

申请再审人×××因与被申请人×××、×××（写明原审其他当事人的姓名或名称）……（案由）纠纷一案，不服×××人民法院（××××）×民××号民事判决（裁定或调解书），向本院申请再审。本院依法组成合议庭，对本案进行了审查。

本院审查过程中，……（简要写明本院向申请再审人发出传票的情况，及其无正当理由拒不接受询问的事实）。依照《中华人民共和国民事诉讼法》第一百四十条、《最高人民法院关于适用〈中华人民共和国民事诉讼法〉审判监督程序若干问题的解释》第二十三条第二款之规定，裁定如下：

本案按×××（写明申请再审人的姓名或名称）撤回再审申请处理。

审判长　×××

审判员　×××

审判员　×××

××××年××月××日

（院印）

本件与原本核对无异

书记员　×××

说明：

1. 本裁定书样式供上一级人民法院在审查当事人申请再审案件过程中，申请再审人经传票传唤，无正当理由拒不接受询问，人民法院按其撤回再审申请处理时使用。

2. 本裁定书简要写明本院向申请再审人发出传票的情况，及其无正当理由拒不接受询问的事实，无需涉及原生效裁判内容和申请再审理由等。

样式13：民事裁定书（终结对再审申请的审查用）

××××人民法院
民事裁定书

（××××）×民申（民再申）字第××号

申请再审人（一、二审诉讼地位）：……（写明姓名或名称等基本情况）。

法定代表人（或负责人）：……（写明姓名和职务）。

法定代理人（或指定代理人）：……（写明姓名等基本情况）。

委托代理人：……（写明姓名等基本情况）。

被申请人（一、二审诉讼地位）：……（写明姓名或名称等基本情况）。

法定代表人（或负责人）：……（写明姓名和职务）。

法定代理人（或指定代理人）：……（写明姓名等基本情况）。

委托代理人：……（写明姓名等基本情况）。

一审原告（或生效裁判中的其他称谓）：……（写明姓名或名称等基本情况）。

法定代表人（或负责人）：……（写明姓名和职务）。

法定代理人（或指定代理人）：……（写明姓名等基本情况）。

委托代理人：……（写明姓名等基本情况）。

申请再审人×××因与被申请人×××、×××（写明原审其他当事人的姓名或名称）……（案由）纠纷一案，不服×××人民法院（××××）×民××号民事判决（裁定或调解书），向本院申请再审。本院依法组成合议庭，对本案进行了审查。

本院审查过程中，……（写明终结审查的事实根据）。依照《中华人民共和国民事诉讼法》第一百四十条、《最高人民法院关于适用〈中华人民共和国民事诉讼法〉审判监督程序若干问题的解释》第二十五条第×项之规定，裁定如下：

本案终结审查。

审判长　×××
审判员　×××
审判员　×××

××××年××月××日
（院印）

本件与原本核对无异

书记员　×××

说明：

1. 本裁定书样式供终结民事再审审查程序时使用。

2. 本裁定书简洁写明导致审查终结的特定情形，无需涉及原生效裁判内容和申请再审理由等。

样式 14：民事调解书（审查中调解达成协议用）

××××人民法院
民事调解书

（××××）×民提字第××号

申请再审人（一、二审诉讼地位）：……（写明姓名或名称等基本情况）。

法定代表人（或负责人）：……（写明姓名和职务）。

法定代理人（或指定代理人）：……（写明姓名等基本情况）。

委托代理人：……（写明姓名等基本情况）。

被申请人（一、二审诉讼地位）：……（写明姓名或名称等基本情况）。

法定代表人（或负责人）：……（写明姓名和职务）。

法定代理人（或指定代理人）：……（写明姓名等基本情况）。

委托代理人：……（写明姓名等基本情况）。

一审原告（或生效裁判中的其他称谓）：……（写明姓名或名称等基本情况）。

法定代表人（或负责人）：……（写明姓名和职务）。

法定代理人（或指定代理人）：……（写明姓名等基本情况）。

委托代理人：……（写明姓名等基本情况）。

申请再审人×××（以下简称×××）因与被申请人×××（以下简称×××）、×××（写明原审其他当事人的姓名或名称）……（案由）纠纷一案，不服×××人民法院（××××）×民××号民事判决（裁定或调解书），向本院申请再审。本院于××××年××月××日作出（××××）×民××号民事裁定，提审本案。

……（简要写明案件事实，也可以不写）。

本案审理过程中，经本院主持调解，双方当事人自愿达成如下协议（或“双方当事人请求本院确认其自行达成的如下协议”）：

……（写明协议内容，包括原一审、二审诉讼费用的负担）。

上述协议，符合有关法律规定，本院予以确认。

本调解书经双方当事人签收后，即具有法律效力（如果当事人各方同意在调解协议上签名或者盖章后生效，并依据《最高人民法院关于人民法院民事调解工作若干问题的规定》第十三条的规定使调解协议发生法律效力的，可不写此句话）。

审判长　×××
审判员　×××
审判员　×××

××××年××月××日
（院印）

本件与原本核对无异

书记员　×××

说明：

1. 本调解书样式供上一级人民法院对民事申请再审案件进行审查时，组织当事人调解达成协议，将案件裁定提审后，制作民事调解书时使用。

2. 本调解书由审查民事申请再审案件的合议庭署名。

部门规章、部门规章性文件与解读

环境保护部
关于开展环境污染损害鉴定评估工作的若干意见

2011 年 5 月 25 日　　　　环发〔2011〕60 号

各省、自治区、直辖市环境保护厅（局），新疆生产建设兵团环境保护局，辽河保护区管理局：

环境污染损害鉴定评估是综合运用经济、法律、技术等手段，对环境污染导致的损害范围、程度等进行合理鉴定、测算，出具鉴定意见和评估报告，为环境管理、环境司法等提供服务的活动。为切实推动环境污染损害鉴定评估工作顺利开展，现提出以下意见。

一、充分认识开展环境污染损害鉴定评估工作的重要意义

（一）开展环境污染损害鉴定评估工作是应对环境挑战的迫切需要

当前，我国面临的环境形势依然十分严峻。随着我国进入工业化、城镇化快速发展阶段，发达国家二三百年出现的环境问题在我国已集中显现，环境保护工作正面临前所未有的压力和挑战。而我国法律在环境责任、环境污染损害赔偿和土壤污染防治等方面规定的不完善以及环境污染损害鉴定评估机制的缺失，在一定程度上影响了污染者负担原则的有效落实，与我国面临的环境形势及其对环境保护工作的要求很不适应。开展环境污染损害鉴定评估工作，全面追究污染者的环境责任，是切实落实污染者负担原则、有效应对环境挑战的迫切需要。

（二）开展环境污染损害鉴定评估工作是促进经济发展方式转变的重要举措

目前，在我国环境管理实践中对私益环境损害的赔偿远不能足额到位，对公益环境损害的赔偿更是很少涉及。开展环境污染损害鉴定评估工作，对环境污染损害进行定量化评估，将污染修复与生态恢复费用纳入环境损害赔偿范围，科学、合理确定损害赔偿数额与行政罚款数额，有助于真实体现企业生产的环境成本，强化企业环境责任，增强企业的环境风险意识，从而在根本上有利于解决“违法成本低，守法成本高”的突出问题，改变以牺牲环境为代价的经济增长方式。

（三）开展环境污染损害鉴定评估工作是优化环境行政管理方式的有效手段

积极探索中国环境保护新道路，必须优化环境行政管理方式。开展环境污染损害鉴定评估工作，使环境行政处罚与污染者造成的实际环境损害和获取的收益挂钩，有助于推动环境行政管理从粗放型向精细化转变，深化环境责任保险、绿色信贷、生态补偿等环境经济政策体系的创新，有助于加快环境风险防范、环境应急处置等环境行政管理水平的提升。

（四）开展环境污染损害鉴定评估工作是推进环境司法深入开展的技术保障

目前我国现行法律法规对环境污染损害行为的行政责任、民事责任和刑事责任都做出了原则规定，但由于缺乏具体可操作的环境污染损害鉴定评估技术规范和管理机制，环境污染案件在审理时仍存在许多技术难题需要解决。开展环境污染损害鉴定评估工作，研究建立环境污染损害鉴定评估技术规范和工作机制，可以为司法机关审理环境污染案件提供专业技术支持，将有助于推动环境司法的深入开展，切实维护群众合法环境权益，依法严厉惩治环境违法犯罪行为。

二、指导思想、工作原则和工作目标

（五）指导思想。以全面落实科学发展观、积极探索中国环境保护新道路为指导，以保障环境安全、维护社会公平为目标，实现污染者全面承担责任、受害者获得足额赔偿、生态环境依法得到保护，促进环境管理从主要利用行政手段向综合运用法律、经济、技术和必要的行政手段的历史性转变。

（六）工作原则

统筹规划，有序推进。以“十二五”环境保护规划为指导，对环境污染损害鉴定评估与环境风险防范、环境责任保险、环境污染修复等相关工作统筹规划，有序推进。

立足国情，探索创新。立足国情，充分借鉴国外经验，积极探索环境污染损害鉴定评估技术方法，不断创新管理机制。

试点先行，逐步完善。充分发挥地方环境保护部门的积极性，试点先行，以“先易后难、成熟一项推出一项”为原则，针对各类环境要素与污染因子，逐步制定、完善相关技术规范与标准。

科学严谨，维护公正。及时对突发环境污染事件开展污染损害鉴定评估，强化职业道德建设，建立监督机制，确保鉴定意见和评估报告的独立性、科学性与公正性。

（七）总体目标。围绕环境保护中心工作，制定环境污染损害鉴定评估技术规范，组建鉴定评估专业队伍，健全工作机制，为环境行政管理、环境污染案件审理以及相关环境经济政策的制定提供支持，为环境污染损害赔偿与修复机制的建立奠定基础。

（八）阶段目标。2011－2012年为探索试点阶段，重点开展案例研究和试点工作，在国家和试点地区初步形成环境污染损害鉴定评估工作能力。2013－2015年为重点突破阶段，以制定重点领域管理与技术规范以及组建队伍为主，强化国家和试点地区环境污染损害鉴定评估队伍的能力建设。2016－2020年为全面推进阶段，完善相关评估技术与管理规范，推进相关立法进程，基本形成覆盖全国的环境污染损害鉴定评估工作能力。

三、工作任务

（九）推动立法进程。研究论证环境污染损害责任承担主体、赔偿责任范围、责任承担方式等基本制度，及时总结各地实践经验，积极推进环境责任、环境污染损害赔偿和土壤污染防治等方面的立法进程。

（十）制定技术规范。研究制定环境污染损害范围认定与损害鉴定评估、污染修复与生态恢复、后评估与监测等方面的技术规范与标准，逐步形成覆盖水污染、大气污染、噪声污染、土壤污染、放射性污染、生态破坏等多个领域的污染损害鉴定评估方法。争取利用十年左右的时间，建立一套完整的环境污染损害鉴定评估与环境风险评估技术体系，同时加快环境损害修复技术的研究，为科学化、定量化评估环境污染损害奠定技术基础。近期以严重危害公众环境安全的水污染事故和重金属污染事故为突破口，开展重点领域技术规范的研究制定工作。

（十一）组建专业队伍。依托环境保护系统内现有科研技术单位的业务优势，组建环境污染损害鉴定评估管理与技术支撑队伍，明确职能定位。环境污染损害鉴定评估要与环境执法分离，保证其独立性及中立性。根据国家有关规定，推动环境污染损害鉴定评估队伍逐步纳入国家司法鉴定体系。

（十二）健全工作机制。抓紧建立高效便民的环境污染损害鉴定评估机制，逐步规范运行模式，完善管理制度。联合相关研究机构、大专院校以及地方环境保护科研技术单位，形成环境污染损害鉴定评估技术研发体系。加强与司法部门等有关单位的协调配合，推动研究成果的应用转化。

四、试点工作部署

（十三）积极开展试点。环境保护部将选择具有一定条件的省、市环境保护部门开展试点工作。试点单位要根据本辖区实际，从高起点上统筹规划，力争在地方立法、制度建设与管理模式上有所突破和创新。要依托本辖区现有的环境保护科研技术单位业务优势，在2011年年底前组建专业队伍，确保有一定理论与实际工作经验的科研人员专职从事环境污染损害鉴定评估试点工作，建立地方环境污染损害鉴定评估专家库，尽快形成环境污染损害鉴定评估能力。

（十四）重视案例评估。试点单位在应对突发环境污染事件过程中，要及时启动环境污染损害鉴定评估工作。建立环境污染事件案例库，开展环境污染场地修复调查，运用环境污染损害数额计算推荐方法开展实例验算，重点对环境污染导致的资源环境损害进行评估测算。

（十五）做好指导交流。国家和试点单位之间要形成有效的工作机制，定期开展技术指导与信息交流。

五、保障措施

（十六）重视组织领导。各省级环境保护部门要高度重视、精心组织、周密安排，切实加强环境污染损害鉴定评估管理制度建设，主动与立法、司法等有关部门协调配合，积极有序地推进工作开展。

（十七）强化能力建设。各省级环境保护部门，尤其是试点单位，要在人员编制、工作经费和研究课题安排、人员培训与鉴定评估设备等方面给予必要的支持和倾斜，确保前期科研和鉴定评估工作的顺利开展，尽快形成鉴定评估能力并不断提高鉴定评估水平。加强技术储备，充分利用国内外的先进经验，不断拓展研究领域，逐步向污染修复及生态恢复等领域纵深推进。开发环境污染损害鉴定评估信息管理系统，建立环境污染损害鉴定评估工作网络体系。

（十八）加强培训宣传。要及时汇总研究成果，组织编写培训教材，结合案例试点评估，采取多种教学手段，对管理和技术人员开展专题培训。要注重宣传，普及专业知识，推广成功经验，调动各方面的积极性，共同做好环境污染损害鉴定评估工作。

附件：环境污染损害数额计算推荐方法（第Ⅰ版）

附件：

环境污染损害数额计算推荐方法
（第Ⅰ版）

1. 背景和依据

为推动和规范环境污染损害的鉴定评估工作，定量化环境污染造成的损害，为公民、法人和其他组织的合法权益与国家生态环境资源在环境污染事故和事件中遭受损害的赔偿与司法判决提供技术支持，依据《宪法》、《环境保护法》等法律法规，提出本《方法》。

2. 定义

2.1 环境污染损害

指环境污染事故和事件造成的各类损害，包括环境污染行为直接造成的区域生态环境功能和自然资源破坏、人身伤亡和财产损毁及其减少的实际价值，也包括为防止污染扩大、污染修复和/或恢复受损生态环境而采取的必要的、合理的措施而发生的费用，在正常情况下可以获得利益的丧失，污染环境部分或完全恢复前生态环境服务功能的期间损害。

2.2 生态环境服务功能

指某种生态环境和自然资源对其他生态环境、自然资源和公众利益所发挥的作用。

2.3 防止污染扩大

指当污染物等有害物质向环境排放，为防止污染扩散所采取的应急处置措施。

2.4 基线

指污染物泄漏或有害物质向环境排放没有发生时，评估区域的生态环境状态。

2.5 污染修复

指出现污染物泄漏或有害物质向环境排放产生风险时采取的降低环境中污染物浓度、稳定或固定环境中污染物质、或对污染区域实施隔离措施，将污染引发的风险降至可接受水平，恢复或部分恢复受污染区域环境功能的人工措施。

2.6 生态恢复

指使受损害的生态环境恢复到或好于基线状态所采取的人工恢复措施。

2.7 期间损害

指从环境污染事故和事件发生到受损害的生态环境和/或服务恢复到基线状态期间，受影响区域不能完全发挥其生态功能，或为其他自然资源或公众提供服务而引起的损害。

3. 环境污染损害范围认定

3.1 损害范围的认定原则

（1）科学性原则

环境污染损害范围的认定借鉴参考了美国、欧盟等国外相关法律关于环境污染损害范围的定义以及农业部等国内相关部门和行业制定的事故损害评估范围，力争反映环境污染损害的客观实际和内在属性。

（2）简明性原则

针对环境污染损害范围广、影响链长的特点，本《方法》对各类损害进行了有选择的综合归并，以全面合理、重点突出、简明扼要为目标确定损害的范围边界。

（3）可操作原则

确定的环境污染损害评估范围经过了充分的案例试点验证以及国家和地方专家的反复论证，拟列入评估范围的损害易于评价，具有实际可操作性。

（4）循序渐进原则

从保证评估范围架构的完整性和评估方法的成熟性两方面考虑，提出全面完整和近期可操作两套损害评估范围，本着循序渐进的原则将环境污染可能造成的损害逐步纳入评估范围。

3.2 环境污染损害范围

全面完整的环境污染损害评估范围包括：人身损害、财产损害、生态环境资源损害、应急处置费用、调查评估费用、污染修复费用、事故影响损害和其他应当纳入评估范围内的损害。

近期可操作的环境污染损害评估范围包括：人身损害、财产损害、应急处置费用、调查评估费用和污染修复费用，此五类损害的评估适用本《方法》。

（1）人身损害

人身损害包括因环境污染事故和事件而支出的医疗费、误工费、护理费、交通费、住宿费、住院伙食补助费等一般性医疗支出费用、造成人身伤残的特别损害、造成死亡的特别损害等费用。

（2）财产损害

财产损害包括因环境污染事故和事件直接造成的资产性财产损毁、减少的实际价值。本《方法》将财产损害分为国家财产损害、单位财产损害和个人财产损害，其中国家财产损害主要包括国有耕地、林地、湿地和草地等生产性资产的直接产品损失；单位财产损害主要包括国有和集体单位所有的固定资产和产品、半成品等其他资产的损害；个人财产损害主要包括个人所有的渔产品、农作物、畜禽和房屋等资产的损害。本《方法》所称“财产”不包括国家和集体所有的自然资源。

（3）应急处置费用

应急处置费用指环境污染事故和事件发生后现场抢救和应急处理所发生的合理费用，包括为降低、减轻污染危害而采取的防止污染扩大而投入的物资和人力，以及清理现场、人员转移安置等产生的合理费用。具体包括污染控制费用及现场抢救费用、清理现场费用、人员转移安置费用、应急监测费用。

（4）调查评估费用

调查评估费用指对环境污染损害评估所支出的费用，按实际评估发生的费用计算，包括现场预调查、勘察监测、污染场地调查、风险评估、损害评估费用。

（5）污染修复费用

污染修复费用指污染事故应急处理结束后，经过污染风险评估确定应该采取的将污染引发的风险降至可接受水平的人工干预措施所需费用，包括制定修复方案和监测、监管产生的费用。

4. **环境污染事故损害的评估方法**

4.1 人身损害

人身损害评估方法参照适用国家现行有关规定和标准。

4.2 财产损害

财产损害的评估方法参照适用国家现行有关规定和标准，没有相关规定和标准的，可以参照《环境污染损害数额计算推荐方法的编制说明》（以下简称《编制说明》）评估计算。

4.3 应急处置费用

应急处置费用按实际发生的费用，即直接市场价值法评估。

4.3.1 污染控制和现场抢救费用

为防止污染继续扩大，同时对各种正在受到污染或即将受到污染的财物进行抢救而采取的一系列措施，包括投入的各种阻止污染物扩散的物资、辅助使用的机器设备、燃料（油料）、人员工资或补贴，以及因采取污染控制措施而造成的财产损害等。

（1）投入的各种物资的价值：

$$V_M = P_i \sum_{i}^{n} Q_i \tag{1}$$

式中：V_M：为控制污染事故扩大而投入的各种物资的总价值（元）；

P_i：投入的 i 种物资价格，即购买时的价格，若无参考价格，可按当期同类产品市场价格计算；

Q_i：投入的 i 种物资的数量。

同时，投入使用的各种机器设备产生的费用按租赁使用费计算。

（2）燃料（油料）费用：

燃料（油料）费用 = 燃料（油料）消耗量（kg）×现价（元/kg） （2）

（3）人员费用：

人员费用 = 人数×日均工资（补贴）标准（元/天）×天数（天）） （3）

（4）因采取污染控制措施而造成的财产损害

财产完全损毁按重置成本法计算；如果部分损毁，损毁部分按重置完全价值折旧方法计算，见式（4）。

财产损失 = 重置完全价值（元）×（1 - 年平均折旧率%×已使用年限）×损坏率（%）） （4）

其中：年平均折旧率=（1－预计净残值率）×100%/折旧年限）(5)

4.3.2 清理现场费用

指环境污染事故发生后，清理事故现场所发生的必要的、合理的费用。清理费用主要包括材料费，运输费、人工费以及需要购置的一些工具、特制的防护服等费用，计算方法参见式（1）。

4.3.3 人员转移安置费用

指环境污染事故发生后，根据事故的性质和对周边居民的影响程度，对受害人员和受到威胁的人员进行疏散、转移、安置过程中所发生的费用。这部分费用按照实际发生计算。

人员转移安置费用=（购置帐篷数目×帐篷单价）＋安置居民日常生活开支＋转移安置期间发生的医疗费用 (6)

4.3.4 应急监测费用

指监测人员的劳务费用和相关材料设备支出。

应急监测费用=（监测人员人数×工作时间×监测劳务工资）＋新增监测设备费用（监测设备折旧费用）＋监测材料费用 (7)

4.4 调查评估费用

按实际发生的费用，即直接市场价值法评估计算。

4.5 污染修复费用

如果环境污染事故和事件发生后，制定了详细完整的污染修复方案，以实际修复工程费用作为污染修复费用。如果无法得到实际修复工程费用，本《方法》推荐采用虚拟治理成本法和/或修复费用法计算，并根据受污染影响区域的环境功能敏感程度分别乘以1.5－10以及1.0－2.5的倍数作为这部分费用的上、下限值，确定原则见表1。

表1 污染修复费用的确定原则

环境功能区类型	污染修复费用难于计算	污染修复费用易于计算
地表水污染		
I类	〉虚拟治理成本的8倍	〉修复费用的1.8倍
II类	虚拟治理成本的6－8倍	修复费用的1.6－1.8倍
III类	虚拟治理成本的4.5－6倍	修复费用的1.4－1.6倍
IV类	虚拟治理成本的3－4.5倍	修复费用的1.2－1.4倍
V类	虚拟治理成本的1.5－3倍	修复费用的1.0－1.2倍

环境功能区类型	污染修复费用难于计算	污染修复费用易于计算
地下水污染		
Ⅰ类	〉虚拟治理成本的10倍	〉修复费用的2.5倍
Ⅱ类	虚拟治理成本的8-10倍	修复费用的2.0-2.5倍
Ⅲ类	虚拟治理成本的6-8倍	修复费用的1.6-2.0倍
Ⅳ类	虚拟治理成本的4-6倍	修复费用的1.3-1.6倍
Ⅴ类	虚拟治理成本的2-4倍	修复费用的1.0-1.3倍
空气环境污染		
Ⅰ类	〉虚拟治理成本的6倍	———
Ⅱ类	虚拟治理成本的4-6倍	———
Ⅲ类	虚拟治理成本的2-4倍	———
土壤环境污染		
Ⅰ类	〉虚拟治理成本的10倍	〉修复费用的2.0倍
Ⅱ类	虚拟治理成本的6-10倍	修复费用的1.5-2.0倍
Ⅲ类	虚拟治理成本的3-6倍	修复费用的1.0-1.5倍
海洋环境污染		
Ⅰ类	〉虚拟治理成本的10倍	〉修复费用的1.7倍
Ⅱ类	虚拟治理成本的7-10倍	修复费用的1.4-1.7倍
Ⅲ类	虚拟治理成本的4-7倍	修复费用的1.2-1.4倍
Ⅳ类	虚拟治理成本的2-4倍	修复费用的1.0-1.2倍

4.5.1 虚拟治理成本法

虚拟治理成本为治理所有已排放的污染物应该花费的成本，即污染物排放量与单位污染物虚拟治理成本的乘积。单位污染物虚拟治理成本按事故或事件所在地前三年单位污染物实际治理平均成本计算。

虚拟污染治理成本 =Σ（污染物排放量×单位虚拟治理成本） (8)

4.5.2 修复费用法

分别针对土壤、水体和其他环境要素提出修复费用计算方法。

（1）土壤修复费用

土壤修复费用指经鉴定受污染土壤采取修复措施的费用，包括编制修复方案、土壤修复和后期监测监管发生的所有费用。修复土壤的参考单位成本见表2，其他费用按直接市场价值法计算。当土壤修复费用难以评价时，参照《编制说明》计算土壤损失作为替代修复费用。

土壤修复费用 = 编制方案费用 + 土壤修复费用 + 后期监测监管费用 (9)

（2）水体修复费用

水体修复费用指采取应急措施后、经鉴定水体污染依然无法消除、采取并实施其他人工干预措施所发生的费用，包括编制修复方案、水体修复和后期监测监管发生的所有费用。修复水体的参考单位治理成本见表2，其他费用按直接市场价值法计算。当水体修复费用难以评价时，参照《编制说明》计算水环境资源损失作为替代修复费用。

水体修复费用 = 编制方案费用 + 修复费用 + 后期监测监管费用 (10)

表2　土地和水资源参照单位修复治理成本

单位：元/t

修复技术	适用介质	单位治理成本	修复技术	适用介质	单位治理成本
市政工程技术			化学修复技术		
污染场地覆盖技术	土壤、底泥	－－	化学氧化	土壤、底泥、地表水、地下水	700－4000
含水层隔离墙技术	地表水、地下水	－－	化学脱氯	土壤、底泥	－－
污染场地隔离墙技术	土壤、底泥、地表水、地下水	－－	土壤淋洗	土壤、底泥	300－1500
污染物挖除和处理措施	土壤、底泥	－－	溶剂浸提	土壤、底泥	5000－8900
生物修复技术			物理修复技术		
自然衰减	地表水、地下水	－－	两相气提	土壤、底泥、地表水、地下水	900－1600
生物翻堆	土壤、底泥	320－1400	曝气技术	地表水、地下水	600－1200
生物通风	土壤、底泥	250－800	土壤气提	土壤、底泥	600－1400
生物注气	土壤、底泥、地表水、地下水	500－1100	反应性生物渗透墙技术	地表水、地下水	250－4100
耕作修复	土壤、底泥	300－2000	土壤清洗	土壤、底泥	250－800

修复技术	适用介质	单位治理成本	修复技术	适用介质	单位治理成本
生物浆反应器	土壤、底泥	300－900	－－	－－	－－
稳定和固定技术			热处理技术		
水力封堵	土壤、底泥	200－700	焚烧	土壤、底泥	5200－13000
玻璃化技术	土壤、底泥	900－2800	热脱附	土壤、底泥	300－3300

(3) 其他环境修复费用

当总体环境修复方案难以制定时，可以环境破坏损失作为替代修复费用，参照《编制说明》推荐方法计算评估。

5. 附则

(1) 关于适用范围的说明：本《方法》主要适用于指导试点地方环境保护部门开展突发性环境污染事故的损害评估工作，也可作为环境污染纠纷处理或环境污染案件审理时的参考。

累积性环境污染事件的损害评估，可参照本《方法》进行。

(2) 关于评估范围的说明：矿藏、水流、海域、土地、森林、山岭、草原、荒地、滩涂等自然资源和野生动植物资源等资源性财产的损毁属于生态环境损害评价范围。

(3) 关于重复计算的说明：污染事故和事件发生后为防止污染扩大而采取的应急处置措施发生的费用，计为应急处置费用，不计为污染修复费用。

(4) 在实际操作过程中，可以针对实际案例情况对《方法》和《编制说明》提出完善修订意见，或适用新的评估方法，但必须说明方法的科学性和合理性。

(5)《编制说明》由环境保护部环境规划院编制。

地方性法规、地方政府规章与解读

北京市房屋租赁管理若干规定

（2007 年 11 月 3 日北京市人民政府第 194 号令发布
根据 2011 年 5 月 5 日北京市人民政府第 231 号令修改）

目　　录

第一章　总　　则
第二章　出租登记
第三章　管理规范
第四章　监督检查
第五章　法律责任
第六章　附　　则

第一章　总　　则

第一条　为了加强房屋租赁管理，维护社会秩序，保护房屋租赁当事人的合法权益，根据有关法律、法规，结合本市实际情况，制定本规定。

第二条　本市行政区域内的房屋租赁依照本规定管理。

第三条　房屋租赁管理坚持管理与服务相结合的原则，实行属地管理。

第四条　本市各级人民政府应当加强对房屋租赁管理工作的领导，建立出租房屋管理机构。出租房屋管理机构具体负责房屋租赁管理的组织、指导、协调、监督等综合管理工作。

公安机关负责出租房屋治安管理、消防管理和租赁当事人的户籍管理。

建设（房屋）行政部门负责房屋租赁市场、出租房屋建筑结构安全的监督管理和房地产经纪的行业管理。

工商行政管理部门负责对经纪活动进行综合监督管理，查处利用出租房屋进行无照经营等违法经营行为。

民防行政部门负责人防工程的租赁管理。

卫生、人口计生、规划、税务、国家安全和城市管理综合执法等行政部门应当按照各自职责做好房屋租赁的管理工作。

第五条 区、县人民政府应当在社区、村建立负责房屋租赁管理、服务的基层管理服务站（以下简称基层管理服务站），并保障其工作所需的经费、办公场所。

第六条 居民委员会、村民委员会等基层组织应当协助有关行政部门做好房屋租赁管理工作，督促出租人、承租人自觉遵守国家和本市房屋租赁管理规定。

居民委员会、村民委员会可以根据本地区实际，组织居民制定房屋租赁管理公约，对房屋租赁实行自治管理。

第七条 租赁房屋的，出租人和承租人应当依法签订房屋租赁合同。合同内容应当包括房屋基本情况、租金、租赁期限、租赁用途、违约责任等。

房屋租赁期限内未经承租人同意，出租人不得擅自缩短租赁期限、增加租金。

市建设（房屋）行政部门应当会同市工商行政管理部门制定房屋租赁合同示范文本，向社会公布。

第八条 出租人出卖租赁房屋的，应当在出卖之前的合理期限内通知承租人，承租人享有以同等条件优先购买的权利。

房屋在租赁期限内因买卖、继承、赠与等发生所有权变动的，不影响租赁合同的效力。

第九条 本市鼓励、支持出租人和承租人签订长期居住租赁合同，建立稳定的租赁关系。

租赁市场在短期内出现租金较大波动等异常变化，市人民政府可以授权市发展改革、市建设（房屋）等行政部门采取必要的临时干预措施，稳定租赁市场。

第十条 市和区、县人民政府应当制定计划，通过建设、收购等多种方式提供廉租房、公共租赁房。

本市鼓励企业、个人投资建设公共租赁房。

第二章 出租登记

第十一条 租赁房屋用于居住的，应当进行出租登记。

出租人应当自与承租人订立房屋租赁合同之日起7日内，到房屋所在地的基层管理服务站办理房屋出租登记手续，并填报下列内容：

（一）出租人、承租人姓名或者名称、证件种类和号码、住所地，实际居住人员的姓名、身份证件种类和号码、户籍地；

（二）出租房屋的基本情况、租金和租赁期限；

（三）房屋权属证书或者房屋来源证明；

（四）本市规定的其他内容。

第十二条 房屋租赁合同变更或者终止的，出租人应当自合同变更或者终止之日起5日内，到房屋所在地的基层管理服务站办理登记变更、注销手续。

在房屋租赁合同有效期内，居住人员发生变更的，承租人应当自变更之日起2日内告知基层管理服务站，办理变更登记手续。

第十三条 房地产经纪机构从事房屋租赁居间活动，应当书面告知租赁当事人到房屋所在地基层管理服务站办理房屋出租登记手续；提供房屋租赁经纪委托代理业务的，房地产经纪机构应当按照本规定第十一条、第十二条第一款的规定，办理房屋出租登记、变更、注销手续或者按照市建设（房屋）行政部门的规定通过房屋租赁合同网上备案系统填报相关信息。

第十四条 基层管理服务站应当为办理房屋出租登记的当事人提供下列服务：

（一）宣传有关房屋租赁管理的规定和安全使用房屋的知识；

（二）告知有关人员办理流动儿童入学、国家免疫规划项目的预防接种、计划生育免费技术服务等事项的规定和流程；

（三）根据当事人的要求出具与房屋租赁有关的证明；

（四）受当事人委托，提供办理暂住登记、暂住证件，办理普通地下室登记备案，交验、登记流动人口婚育证明，纳税代办服务等；

（五）提供维权服务信息；

（六）市和区、县人民政府规定的其他服务项目。

第十五条 基层管理服务站办理出租登记、为当事人提供服务，不得收取任何费用。基层管理服务站不得从事或者变相从事经营性活动。

第三章 管理规范

第十六条 出租房屋的安全由房屋所有人负责。房屋承租人应当对其使用行为负责。

房屋所有人将出租登记的房屋委托他人管理的，应当书面报告房屋所在地的基层管理服务站。

第十七条 出租房屋的建筑结构和设备设施，应当符合建筑、消防、治安、卫生等方面的安全条件，不得危及人身安全。

禁止将违法建筑和其他依法不得出租的房屋出租。

第十八条 出租人有权对承租人使用房屋的情况进行监督。出租人不得向无身份证明的人出租房屋；不得以出租房屋的方式为非法生产经营活动提供便利条件；发现承租人利用出租房屋有犯罪活动嫌疑的，及时向公安机关报告。

出租人出租房屋的收入，应当依法纳税。

第十九条 承租人应当配合出租人进行房屋出租登记；不得擅自改变承租房屋的规划设计用途，不得利用租赁房屋从事非法生产、加工、储存、经营爆炸性、毒害性、放射性、腐蚀性物质或者传染病病原体等危险物质和其他违法活动，不得损害公共利益或者妨碍他人正常工作、生活。

第二十条 出租房屋人均居住面积不得低于本市规定的标准。具体标准由市建设（房屋）行政部门会同市公安、市规划、市卫生等有关行政部门制定。

不得将厨房、卫生间、阳台、地下储藏室等作为卧室出租供人员居住。

第二十一条 集中出租房屋供他人居住，出租房间达到10间以上或者出租房屋居住人员达到15人以上的，出租人应当建立相应的管理制度，明确专门的管理人员，设置监控、灭火等治安防范、消防设备设施和安全通道，并建立信息登记簿或者登记系统。

单位承租房屋作为集体宿舍供本单位职工居住的，单位应当按照前款规定履行安全管理职责。

公安机关应当统一印制出租房屋多人居住登记簿册供出租人免费领取。

第二十二条 向境外单位、人员出租、转租、转借房屋，或者承租人留住境外人员的，出租人、承租人应当遵守国家和本市有关国家安全管理的规定。

第二十三条 房屋管理单位应当按照下列规定对房屋进行安全管理：

（一）建立房屋安全管理制度，落实各项管理措施。

（二）按规定对所管房屋进行安全检查，并将安全检查情况予以记录，妥善保存。

（三）按照有关行政部门或者基层管理服务站的要求提供房屋安全检查结果。

（四）发现危及房屋使用安全或者其他违法行为的，立即制止，并督促责任人改正；拒不改正的，及时报告房屋所在地有关行政部门依法处理。

第二十四条 公安、工商行政管理、民防、卫生、文化、新闻出版、教育等行政部门在办理相关行政许可时依法应当审查活动场所的，应当审查租赁房屋的使用用途是否符合规划设计用途，是否符合法律、法规、规章有关活动场所的规定；不符合的，不予办理相关行政许可。

第二十五条 从事房屋租赁经纪业务的机构应当依法成立，取得营业执照，符合国家和本市规定的条件，并应当自成立之日起30日内，将机构和从业人员的基本情况等信息报送所在区、县建设（房屋）行政部门。

从事房屋租赁经纪活动的人员，应当取得相应的房地产经纪资格证书。未取得房地产经纪资格证书的人员，不得从事房屋租赁经纪活动。

第二十六条 本市对房屋租赁经纪委托代理业务实行银行代收代付、风险准备金、客户资金与自有资金分账户管理等资金监管制度。具体办法由市建设（房屋）行政部门会同有关部门制定。

第二十七条 房地产经纪机构及其经纪人员从事房屋租赁经纪业务，应当遵守下列规定：

（一）在经营场所公示服务内容、服务标准、房地产经纪资格证书复印件。

（二）房屋租赁经纪业务，由房地产经纪机构统一受理并与委托人签订书面经纪合同，统一收取佣金、开具发票。房地产经纪人员不得以个人名义承揽业务。

（三）房地产经纪人员不得同时在两个或者两个以上房地产经纪机构执行业务。

（四）不得伪造、变造、买卖、租借房地产经纪资格证书。

（五）不得占用、挪用或者拖延支付客户资金。

（六）不得居间、代理出租不符合出租条件的房屋。

（七）不得违反有关规定从事居间、代理业务范围以外的其他经营活动。

第四章　监督检查

第二十八条　建设（房屋）行政部门应当建立房屋租赁市场信息系统，为单位和个人提供房屋租赁市场信息、房地产经纪机构经纪活动信用记录等租赁信息服务。

第二十九条　本市按照统一规划、资源共享的原则，建立房屋租赁综合管理信息系统平台，对房屋租赁信息实行动态管理。

管理、使用房屋租赁信息的部门及其工作人员，应当对房屋租赁信息保密，维护当事人的合法权益。

第三十条　公安、建设（房屋）、工商行政管理、民防、卫生、人口计生、规划、文化、教育、税务和城市管理综合执法等行政部门应当建立执法责任制，落实对房屋租赁管理的监督检查责任；在执法中发现不属于本部门查处的违法行为的，应当及时告知同级出租房屋管理机构，出租房屋管理机构应当及时告知有关行政部门依法查处。

房屋管理单位、房地产经纪机构、房屋租赁当事人应当配合有关行政部门对房屋租赁进行管理。

第三十一条　市和区、县有关行政部门，街道办事处，乡、镇人民政府应当按照各自职责，做好对基层管理服务站及其工作人员的培训、指导工作。

第三十二条　基层管理服务站应当建立巡视制度，采集房屋租赁信息，对房屋租赁情况进行日常检查，并做好下列工作：

（一）发现登记信息不实的，予以更正；

（二）发现未登记的，进行补登；

（三）发现房屋存在安全隐患的，督促出租人或者承租人进行整改；

（四）发现违反治安、消防、卫生、计划生育、建筑结构安全等管理规定的违法行为，报告上级出租房屋管理机构或者其他有关行政部门。

第三十三条 建设（房屋）、工商行政管理等行政部门对房地产经纪机构履行监督检查职责时，可以检查有关资料，了解房地产经纪业务情况和客户资金、风险准备金等方面的管理情况；可以要求被检查单位提供房地产经纪机构营业执照、房地产经纪人员资格证书。

建设（房屋）、工商行政管理等行政部门可以根据国家和本市有关规定向社会公布监督检查的有关信息。

第五章 法律责任

第三十四条 具有房屋租赁管理职责的行政部门及其工作人员玩忽职守、滥用职权、徇私舞弊的，由其上级部门或者监察机关责令改正；情节严重的，对直接负责的主管人员和其他直接责任人员依法给予行政处分；构成犯罪的，依法追究刑事责任。

第三十五条 对违反本规定的下列行为，由公安机关按照下列规定处罚：

（一）出租人、承租人、房地产经纪机构未按照本规定第十一条、第十二条规定办理房屋出租登记、变更、注销手续的，责令改正，处200元以上500元以下罚款。

（二）违反本规定第十七条规定，出租的房屋存在治安、消防安全隐患的，责令改正，并可处1000元以上3万元以下罚款。

（三）违反本规定第十八条第一款规定，出租人向无身份证明的人出租房屋，或者发现承租人利用出租房屋有犯罪活动嫌疑，不向公安机关报告的，处200元以上500元以下罚款。

（四）违反本规定第十九条规定，承租人使用租赁房屋时损害公共利益或者妨碍他人正常工作、生活的，处警告，并责令改正；逾期拒不改正的，处200元以上500元以下罚款。

（五）违反本规定第二十一条第一款、第二款规定，出租人、单位未落实安全管理责任的，责令改正，并可处1万元以上3万元以下罚款；造成严重后果的，处3万元以上10万元以下罚款。

第三十六条 对违反本规定的下列行为，由建设（房屋）行政部门按照下列规定处罚：

（一）违反本规定第十七条规定，出租的房屋存在建筑安全隐患的，责令改正，并可处1000元以上3万元以下罚款。

（二）违反本规定第二十条规定，出租人违反出租房屋限制条件的，责令改正，情节严重的，可处5000元以上3万元以下罚款；房地产经纪机构及其经纪人员从事房屋租赁经纪业务违反出租房屋限制条件的，责令改正，处3万元以上10万元以下罚款。

（三）违反本规定第二十五条第一款规定，房地产经纪机构未按照规定报送相关信息的，责令改正，并可处1万元以上3万元以下罚款。

（四）违反本规定第二十六条规定，房地产经纪机构未落实资金监管制度的，责令改正，并处1万元以上3万元以下罚款。

（五）房地产经纪机构及其经纪人员从事房屋租赁经纪业务，违反本规定第二十七条第（二）项、第（三）项、第（六）项规定，或者违反第（四）项规定，租借房地产经纪资格证书的，责令改正，处1万元以上3万元以下罚款。

第三十七条 对违反本规定的下列行为，由工商行政管理部门按照下列规定处罚：

（一）违反本规定第二十五条第二款规定，房地产经纪机构使用未取得房地产经纪资格证书的人员从事房屋租赁经纪活动的，处1万元以上3万元以下罚款；

（二）违反本规定第二十七条第（一）项、第（五）项规定，房地产经纪机构违规经营的，责令改正，处1万元以上3万元以下罚款；

（三）违反本规定第二十七条第（七）项规定，房地产经纪机构违反有关规定从事居间、代理业务范围以外的其他经营活动，按照登记管理的有关规定进行处罚。

第三十八条 违反本规定第十七条规定，出租的房屋存在卫生安全隐患的，由卫生行政部门责令改正，并可处1000元以上3万元以下罚款。

第三十九条 出租人、承租人在房屋租赁活动中发生纠纷的，应当协商解决；协商不成，出租人、承租人可以向人民调解委员会、房地产中介行业协会、建设（房屋）行政部门或者其他相关单位申请调解，也可以依法申请仲裁或者提起诉讼。

第四十条 对违反本规定的行为，其他法律、法规、规章已经规定行政处罚的，由有关行政部门依法处理；构成犯罪的，依法追究刑事责任。

第六章 附 则

第四十一条 本规定自2008年1月1日起施行。1995年6月13日北京市人民政府第13号令发布，根据1997年12月31日北京市人民政府第12号令第一次修改，根据2004年6月1日北京市人民政府第150号令第二次修改的《北京市外地来京人员租赁房屋治安管理规定》同时废止。

地方司法业务文件与解读

江苏省高级人民法院

关于办理依职权审查的民事审判监督案件若干问题的意见（试行）

2011年5月5日　　苏高法审委〔2011〕7号

为了正确适用《中华人民共和国民事诉讼法》（以下简称《民事诉讼法》）有关人民法院依职权再审的规定，依法及时纠正确有错误的生效裁判，规范和完善审判监督工作，根据《民事诉讼法》及其司法解释的规定，结合全省法院实际，制定本意见。

一、适用范围

1. 本意见所称依职权审查的民事审判监督案件，是指人民法院对本院和下级人民法院已经发生法律效力的判决、裁定或者调解书（以下简称生效裁判），按照《民事诉讼法》第一百七十七条的规定依照审判监督职权进行审查，决定是否裁定再审的案件。

2. 当事人对生效裁判不服的，原审法院应当做好法律释明或判后答疑工作。在法律释明或判后答疑工作中发现生效裁判可能存在错误的，要主动依职权审查。

3. 对生效裁判依职权审查，是与申请再审审查不同的审判监督方式。当事人经法律释明或判后答疑后仍然不服生效裁判的，应当告知当事人可以依法申请再审。对于当事人已经依法申请再审的，应当按照申请再审审查处理；按照法律规定不得申请再审的，必要时可以依职权审查。

4. 具有下列情形之一的，人民法院可以依职权审查：

（1）对本院或下级法院的生效裁判，有关上级机关或者领导机关交办、相关方面关注的以及其他经本院院长批示要求审查的；

（2）上级法院指令（定）再审的案件，有明确的指令（定）再审意见，认为原裁判确有错误，再审法院没有依照指令（定）再审意见审理且在裁判前没有报告，需要依职权审查的；

（3）在案件审理、执行过程中发现所涉及的本院或者下级法院相关生效裁判可能存在错误而影响本案审理，需要对该生效裁判进行审查的；

（4）在法律释明、判后答疑工作中发现本院生效裁判可能存在错误，以及在信访工作中发现本院及下级法院生效裁判可能存在错误但按照法律规定不得申请再审的。

5. 对于已经经过本院按照审判监督程序再审过的案件，以及本院已经依职权审查过的案件，一般不得依职权再次审查。

上述案件中，属于上级机关或者领导机关交办、相关方面关注以及其他经本院院长批示要求审查的，由办理再审或者依职权审查的审判庭就再审或者审查情况向交办单位答复。

二、立案受理

6. 对于需要依职权审查的案件，由立案庭（省法院为立案一庭）负责审核，办理立案手续。

7. 对生效裁判依职权审查，一般应当由原审法院立案受理。

对于经过原审法院再审的案件，需要依职权审查的，应当由原审法院的上级法院受理。

8. 对本院或者下级法院生效裁判，有关上级机关或者领导机关交办、相关方面关注的，由负责督查工作的部门提出立案建议，并经院长审批同意后，移送立案庭审核立案。

9. 对下级法院未依照上级法院明确的指令（定）再审意见审理，且在作出再审裁判前没有报告的，由原指令（定）再审的审判庭审查后制作《立案建议表》，经分管院领导审批同意后，移送立案庭审核立案。

上述案件当事人向上级法院提出申诉的，由信访部门（省法院为立案二庭）转有关审判庭审查，有关审判庭应当在一个月之内提出是否立案的建议。

10. 在案件审理、执行过程中发现所涉及的本院或者下级法院相关生效裁判可能存在错误，需要对该生效裁判依职权审查的，由审理、执行本案的审判庭（局）制作《立案建议表》，经分管院领导审批同意后，移送立案庭审核立案。

11. 在法律释明或者判后答疑中发现本院原生效裁判可能存在错误，需要依职权审查的，由相关审判庭制作《立案建议表》，经分管院领导审批同意后，移送立案庭审核立案。

12. 在信访中发现本院或者下级法院生效裁判可能存在错误需要依职权审查的，由信访部门初步审查、合议庭研究讨论并向分管院领导汇报后，制作《立案建议表》，经分管院领导审批同意后，移送立案庭审核立案。

13. 负责提出立案建议的部门审查认为符合立案受理条件的，应当要求当事人提供原审生效裁判文书、身份证复印件、法人营业执照或营业执照复印件、法定代表人的身份证明书、送达地址和联系方式等相关材料。立案庭应当在收到《立案建议表》和相关材料后三日内完成立案受理手续，并在调齐原审全部卷宗材料后三日内移送相关审判庭审查。案号统一编立为"×民（商、知）监字"字。

14. 中级法院立案受理的依职权审查案件，属于本意见第4条第（1）－（2）项情形的，移送审监庭审查；属于本意见第4条第（3）－（4）情形的，移送原审判庭（局）审查。

省法院立案受理的依职权审查案件，属于本院生效裁判的，移送审监一庭审查；其余案件，按照申请再审审查职能分工分别移送相关审判庭审查。

三、审查程序

15. 审判庭接受依职权审查的案件后，一般应书面通知当事人，告知已经立案审查，但经本院裁定驳回后，因有关上级机关或者领导机关交办及相关方面关注，经本院院长批示要求审查的案件可不再告知。

16. 办理依职权审查案件，应当组成合议庭进行。凡参与过本案原审、再审或者审查工作的审判人员，不得再参加依职权审查的合议庭。

17. 在办理依职权审查案件过程中，应当全面审阅原审卷宗材料，并当面听取提出申诉方当事人的意见。

是否询问对方当事人，可以根据案件情况决定。必要时，可以组织各方当事人听证。

对拟提起再审的案件，在提起再审前应当听取对方当事人的意见，并形成书面记录。

18. 对于原裁判正确的案件，在审查过程中，应当做好法律释明和服判息诉工作。对于原裁判存在瑕疵的案件，应当做好瑕疵弥补或者和解等工作，尽量化解矛盾纠纷。

四、审查后的处理

19. 经审查，认为原裁判正确的，按照以下方式处理：

（1）原生效裁判为本院作出的，或下级法院的生效裁判已经本院裁定驳回申请再审的，将审查意见口头告知申诉一方当事人，并记录在案。案件审查过程中询问对方当事人的，还应一并口头告知审查意见。

（2）原生效裁判为下级法院作出，未经本院裁定驳回申请再审的，应当裁定驳回申诉并送达当事人；本院在审查期间曾经询问对方当事人或者召集当事人听证的，一并将裁定送达各方当事人。

20. 经审查，认为原裁判确有错误，应当裁定再审，并向各方当事人送达再审裁定书。

再审裁定书应当适用《民事诉讼法》第一百七十七条的规定，再审事由表述为原生效裁判“确有错误”。

21. 对本院生效裁判裁定再审的，应当由院长提交审判委员会讨论决定。

22. 下级法院生效裁判，已经本院裁定驳回申请再审的，在裁定再审的同时应当一并撤销原驳回申请再审的裁定。

23. 办理依职权审查案件，应当自立案移送审查后的六个月内办结，其中有关上级机关或者领导机关交办、相关方面关注的以及其他经本院院长批示要求审查的案件，有明确办理期限的，应当在办理期限内审结。

五、附则

24. 本意见自下发之日起试行。本院以前的相关规定与本意见不一致的，以本意见为准。本意见未作规定的，参照以前的规定执行。

附：

依职权审查的民事审判监督案件立案建议表

承办单位　　　　　　　　　　　承办人　　　　年　　月　　日

<table>
<tr><td>案　件
当事人</td><td colspan="3"></td></tr>
<tr><td>案由</td><td></td><td>原审案号</td><td></td></tr>
<tr><td rowspan="4">案件
来源</td><td colspan="3">1. 上级机关或者领导机关交办、相关方面关注的以及其他经本院院长批示要求审查的　　（　）</td></tr>
<tr><td colspan="3">2. 下级法院未按上级法院明确的指令（定）再审意见审查的　　（　）</td></tr>
<tr><td colspan="3">3. 在案件审理、执行过程中发现所涉及的本院或者下级法院相关生效裁判可能存在错误而影响本案审理的　　（　）</td></tr>
<tr><td colspan="3">4. 在法律释明、判后答疑及信访工作中发现生效裁判可能存在错误的　　（　）</td></tr>
<tr><td>前期审查
处理情况</td><td colspan="3"></td></tr>
<tr><td>承办人或
合议庭意见</td><td colspan="3"></td></tr>
<tr><td>庭长
批示</td><td colspan="3"></td></tr>
<tr><td>院领导批示</td><td colspan="3"></td></tr>
</table>

解读

《江苏省高级人民法院关于办理依职权审查的民事审判监督案件若干问题的意见（试行）》

陆鸣苏* 曹 霞**

为正确适用《中华人民共和国民事诉讼法》第一百七十七条有关人民法院依职权再审的规定，切实保障当事人合法权益，依法及时纠正确有错误的生效裁判，江苏省高级人民法院审判委员会2011年第14次全体会议讨论通过了《江苏省高级人民法院关于办理依职权审查的民事审判监督案件若干问题的意见（试行）》（以下简称《意见》），于2011年5月5日起下发全省执行。《意见》共分5部分24条，包括适用范围、立案受理、审判程序、审查后的处理、附则等内容。为有助于在司法实践中正确理解和适用《意见》，现就《意见》制定的背景和涉及的主要问题阐释如下：

一、《意见》制定的背景

2007年10月全国人大常委会通过了《关于修改〈中华人民共和国民事诉讼法〉的决定》，其对审判监督制度修改的重点是解决"申诉难"、"申请再审难"问题，意图通过畅通当事人申请再审渠道而减少公权力的干预①。修改后的民事诉讼法虽然保留了本院院长和上级法院依照审判监督职权进行再审的规定，但对具体条款内容未作任何调整。可见，在现行民事诉讼制度大的框架未发生改变的现状下，依职权审查仍作为人民法院自我监督的重要途径而存在。而在申请再审审查上提一级管辖后，人民法院如何正确行使依职权审查的职能，如何处理好依职权审查和申请再审审查的关系，面临着新的情况和问题。

一是法律对依职权审查的规定过于原则和笼统。这一问题在民诉法修改后更加凸显，原因在于民诉法修改对申请再审制度进行了诉权化改造，使得依职权审查与申请再审审查两种再审启动方式具有了较

* 江苏省高级人民法院审监一庭庭长。

** 江苏省高级人民法院审监一庭法官。

① 孙祥壮：《民事审判监督程序的修改与配套司法解释的任务》，载《法律适用》2008年第4期。

大的差异性，立法和司法解释对申请再审作了相对完备的规定，但依职权审查没有任何变化，具体的操作程序依然阙如。仅民诉法第一百七十七条和《最高人民法院关于适用〈中华人民共和国民事诉讼法〉审判监督程序若干问题的解释》第三十条专门针对人民法院依职权审查，而对诸如立案受理程序、依职权审查的程序、裁判文书的制作等未进一步明确。法律规定的缺失造成司法实践中许多困扰，各地做法并不统一，甚至在一些环节出现了将依职权审查的程序与申请再审审查程序混同的现象，迫切需要进行进一步规范和细化。

二是发挥原审法院依职权审查的作用是当前全面履行审判监督职能的现实需要。自民诉法修改以来，大量不服原审生效裁判的申请再案件汇集到上一级法院，案件负担十分沉重。尽管省法院积极应对立法修改，对审判资源重新进行配置，但与数以千计增长的案件相比，毕竟有限。民事审判监督案件有其特殊性，大部分关系着民生或是案件矛盾交织，审理难度较大。上提一级审理后，案件矛盾更加集中，在忙于应对的形势下，碍难全面有效地发挥审监程序的依法纠错、化解矛盾、瑕疵弥补等多重功能，案件处理的效率和效果未能真正达到立法修改的初衷。同时，还在一定程度上制约了上级法院对下监督指导功能的发挥。另一方面，各中级法院新收申诉、申请再审、再审案件总量明显减少，2010 年比 2008 年新收案件数减少了 1400 件。我们认为，在现有制度框架下，依职权审查是法定的审判监督职能。在加强审级监督的同时，发挥好原审法院的这一职能，有利于及时纠正错误裁判，有效地解决矛盾纠纷，修复被损害的司法权威和司法公信。在一定条件下，由原审法院对本院生效裁判依职权审查的做法也为最高法院所认同。《最高人民法院第一次全国民事再审审查工作会议纪要》（法〔2011〕159 号，以下简称最高院纪要）第 9 条规定：当事人向原审人民法院申请再审的，原审人民法院应当做好释明、和解工作。原审人民法院发现本院生效判决、裁定确有错误，认为需要再审的，依照民事诉讼法第一百七十七条的规定处理。

三是多年来省法院在依职权审查审判监督案件方面，积累了一定的审判经验，形成了一系列行之有效的制度流程，保证了此类案件的有序运行，也为《意见》的制定提供了一定的基础。

二、《意见》的适用范围

根据民事诉讼法第一百七十七条及《最高人民法院关于适用〈中华人民共和国民事诉讼法〉审判监督程序若干问题的解释》第三十条

的规定，依职权审查的民事审判监督案件是指人民法院对本院和下级法院已经发生法律效力的判决、裁定或者调解书（简称生效裁判），依照审判监督职权进行审查，决定是否再审的案件。为准确适用《意见》，应当注意以下几个问题：

一是把握好法律释明、判后答疑工作和依职权审查的关系。《意见》第2条规定：原审法院在法律释明和判后答疑过程中发现原生效裁判可能存在错误的，要主动依职权审查。该条规定启动依职权审理的主体是原审法院，意在要求原审法院发挥自我纠错功能，纠正本院错误的生效裁判。在发现的渠道上，《意见》规定的范围要比最高法院纪要更为宽泛，不仅包括了当事人坚持向原审法院申请再审的，还包括原审法院在法律释明、判后答疑过程中发现的。根据我省法院初信初访制度，当事人对生效裁判不服的，原审法院首先应当做好法律释明、判后答疑工作。在释明中发现对于可能存在错误的生效裁判，则应主动进行审查，审查后确有错误的，及时再审改判。需要注意的是，人民法院主动依职权审查应当慎重提起，其条件是原生效裁判“可能存在错误”，对于正确的生效裁判，不得主动依职权审查。

二是把握好依职权审理和申请再审审查的关系。依职权审查与申请再审审查是两种不同的审查方式，在发起主体、管辖法院、提起再审条件、审查后的处理方式上均存在明显差异，故对二者要作严格的区别，避免发生程序混同的问题。必须强调的是，要防止将依职权审查扩大化的倾向，除已发现原裁判可能存在错误的，仍应坚持申请再审优先原则，经法律释明或判后答疑当事人仍不服，应当告知当事人根据法定的救济渠道，依法向上一级法院申请再审。但对于法律规定不得申请再审的，如超出了申请再审期限等，人民法院认为确有必要时，也可以依职权审查。

三是明确《意见》的具体适用范围。《意见》第4条总结审判实践中的具体情形，列举了人民法院可以依职权审查的四种情况，分别为：(1) 对本院或下级法院的生效裁判，有关上级机关或者领导机关交办、相关方面关注的以及其他经本院院长批示要求审查的；(2) 上级法院指令（定）再审的案件，有明确的指令（定）再审意见，认为原裁判确有错误，再审法院没有依照指令（定）再审意见审理且在裁判前没有报告，需要依职权审查的。(3) 在案件审理、执行过程中发现所涉及的本院或者下级法院相关生效裁判可能存在错误而影响本案审理，需要对该生效裁判进行审查的；(4) 在法律释明、判后答疑工作中发现本院生效裁判可能存在错误，以及在信访工作中发现本院及下级法院生效裁判可能存在错误但按照法律规定不得申请再审的。其中第一种情形最为常见，即通常所说的交督办案件，实际上也是依职权审查案件的主要来源。而第二种情形则由上级法院根据案件的具体情况决定是否需要再次审查，而非发现此种情形一律重新审查。这里需要注意的是，法律规定再审维持案件当事人不得申请再审，故对此类案件，上级法院审查后认为确有必要的，可依职权审查，但不能直接受理当事人的再审申请。

四是避免重复依职权审查。为防止当事人利用依职权审查制度规避法律规定对申诉次数的限制，造成多头、反复申诉、反复受理，《意见》第5条规定，对于本院已按照审判监督程序再审过的案件，以及本院已经依职权审查的案件，一般不得依职权再次审查。如果上级机关或者领导机关交办、相关方面关注以及其他经本院院长批示要求审查的，无需再次立案，由办理再审或者依职权审查的审判庭就再审或者审查情况向交办单位答复即可。

三、依职权审查的程序规定

针对法律规定的空白，结合审判实践的需要，《意见》着重规范了依职权审查案件的立案受理、审理程序及审查后的处理程序，进一步厘清了依职权审理和申请再审程序的区别。

（一）立案受理

1. 管辖法院。《意见》第7条规定，对生效裁判依职权审查，一般应当由原审法院受理。民诉法修改后，当事人向上级法院申请再审渠道进一步畅通，上级法院主要可以通过申请再审审查发现下级法院的错误。依职权审查的案件一般由原审法院管辖。这样规定的目的在于充分发挥原审法院主动发现问题，主动纠正错案的积极性，及时化解矛盾纠纷，同时缓解上级法院办案压力。但是，根据《最高人民法院关于人民法院对民事案件发回重审和指令再审有关问题规定》，各级人民法院对于同一案件，只能再审一次（因违反法定程序上级法院指令再审的不受限制）。故对原审法院已经再审的案件，需要依职权审理的，应由原审法院的上一级法院受理。

2. 受理程序。《意见》第8~12条对依职权审查案件立案前的审查作了规定，根据其发现渠道的不同分别由不同的审判部门负责，需要说明的是立案部门负责的是"审核立案"，即对立案材料的审核，而不是能否进入审理程序的审查。受理审查程序关键的流程是：(1)根据《意见》所附样式制定《立案建议表》，设定该表意在完善立案前的审查、审批手续；(2)报经分管院领导审批同意，其中因信访途径发现的，还需经合议庭评议并向分管院领导汇报；(3) 要求当事人提供必要的材料，包括原审裁判文书、身份证明文件、送达地址和联系方式等。为与申请再审案件相区别，依职权审理案件的案号统一编立为“X民（商、知）监字”。

3. 依职权审查案件的职能分工。《意见》充分考虑中级法院和省法院受理的案件数量和审判资源配置的不同，对两级法院依职权审查案件采取不同的分工模式：对于中级法院，属于《意见》第4条规定的（1）至（2）项的由审监庭审查，其他案件则由原审判庭（局）审查。对于省法院，鉴于本院生效裁判的回避问题，属于本院生效裁判的，由审监一庭审查，其他案件按照已有的申请再审审查职能分工确定。其中对中级法院民事一审、二审、再审生效裁判依职权审查的，分别由民一庭、审监二庭承担，对中级法院商事、知识产权一、二审、再审案件依职权审查的，分别由民二庭、民三庭承担。而经省法院审查后指令（定）中级法院再审，对该再审裁判进行依职权审查的，仍由原作出指令（定）再审裁定的审判庭承担。上述分工大体可以实现各审判庭案件量的均衡，不致明显加重少数审判庭的负担，也不会加剧各审判庭之间法律意见的冲突。

（二）依职权审查的程序

1. 通知义务。为增强审查的透明度，对于依职权审查案件，《意见》第15条规定一般应书面通知当事人，告知已立案审查。与申请再审案件通知双方当事人不同，这里需要通知的当事人仅指提出申诉的一方当事人。如果本院已经审查并作出裁定驳回的，则可以不再书面告知。

2. 合议庭组成。为确保程序公正，《意见》第16条规定，办理依职权审查案件应组成合议庭并严格执行回避制度，参与过本案原审、再审或审查工作的审判人员，不得再参加依职权审查的合议庭。与目前民事申请再审案件审查程序中的做法保持一致，《意见》没有要求书面告知当事人合议庭成员。

3. 审查方式。修改后的民诉法对申请再审的审查规定了直接裁定、调卷审查和询问当事人三种方式，依职权审查的案件一般基于原裁判可能存在错误的初步判断，故《意见》第17条对案件的审查方式作出较为严格的要求，一般采取调卷审查和询问当事人相结合的方式。在全面审阅原审卷宗材料的基础上，当面听取申诉方当事人的意见，并根据案件具体情况决定是否询问对方当事人或听证。如拟提起再审的，则必须听取对方当事人意见，以体现对当事人权利的尊重。

4. 矛盾化解。化解矛盾纠纷始终是审判监督程序的一项重要职能。《意见》第18条要求，对于原裁判正确的案件，要进一步进行法律释明工作，认真地进行辩法析理，使当事人能够接受法院的裁判，服判息诉。对于原裁判存在瑕疵但不又足以改判的，也不能回避，而要通过适当的方式及时做好弥补工作或和解工作。

四、审查后的处理

1. 对正确生效裁判的处理。对申请再审案件，修改后的民事诉讼法规定以裁定驳回当事人的再审申请，但对依职权审查的案件以何种方式处理未作规定，《最高人民法院民事审判监督程序裁判文书样式（试行）》中也未有涉及，而之前的审判实践中存在不同做法，既有作出裁定的，也有作出通知书的。《意见》对此作了统一，根据生效裁判的审级以及是否经过申请再审审查，分别采取裁定驳回和口头告知的方式。对下级法院生效裁判依职权审查且未经本院裁定驳回再审申请的，可以裁定驳回申诉。对于本院生效裁判或下级法院的生效裁判已经本院裁定驳回再审申请的，则仅以口头方式告知当事人审查意见。

2. 对原生效裁判确有错误的处理。民事诉讼法第一百七十七条规定，依职权决定再审的条件是“确有错误”，再审裁定中对再审事由的表述也必须明确原生效裁判“确有错误”，这必然严重动摇原生效裁判。为避免在作出原生效裁判“确有错误”的裁定后又再审维持原判，出现裁判文书前后冲突的尴尬，在依职权决定再审时应当极为谨慎，采取最为严格的讨论定案程序。根据民事诉讼法规定，对本院生效裁判裁定再审的，由院长提交审判委员会讨论决定。上级法院对下级法院生效裁判决定再审的，则未作上述要求，但应提交分管院长研究把关。审判实践中反映突出的一个问题是对下级法院生效裁判依职权决定再审的，如已经本院裁定驳回申请再审，将涉及到原驳回申请再审裁定的处理问题。最高人民法院不同的审判庭存在不同的观点。我们考虑依职权再审的事由是原裁判确有错误，为避免裁判文书前后的冲突，应当一并撤销原驳回申请再审的裁定。

3. 审查期限。修改后的民事诉讼法第一百八十一条规定“人民法院应当自收到申请再审书之日起三个月内审查”，仅对申请再审案件产生约束。鉴于依职权审查案件中上级机关或领导机关交办案件比重较大，需要沟通协调的工作较多，化解矛盾难度较大，提起再审要求严格，讨论定案层级较多，为保证案件办理的质量和效果，其办理期限不宜过短。故《意见》第23条规定办理依职权审理案件的期限一般为六个月。

司法工作热点问题研究

婚姻无效生效判决能否再审

王礼仁*

【内容提要】在司法实践中，经常发现宣告婚姻无效的判决是错误的。但对这种错误判决，目前普遍认为无救济途径。其理由是：宣告婚姻无效的案件系一审终审，参照“解除婚姻关系的判决不得申请再审”的规定，宣告婚姻无效的判决也不得申请再审。目前，也尚未发现对婚姻无效的判决进行再审的先例。实际上，婚姻无效案件不得再审是一个误区。确认婚姻无效与“解除婚姻关系”是两种不同性质的案件，“解除婚姻关系的判决不得申请再审”的规定，不适用确认婚姻无效案件，婚姻无效案件可以再审。

一、问题的提出

（一）引发问题的典型案例

【典型案例1】

李某（男）与王某（女）于2000年登记结婚，王某婚前患有精神病，结婚时，双方通过隐瞒的方式骗得了结婚登记。婚后，王某一直没有参加工作，依靠李某经商收入维持家庭生活。疾病经过治疗也已经痊愈，并于2002年育有一子李甲。后李某因与他人非法同居，导致夫妻关系渐渐恶化。2004年，李某以王某婚前患有精神病为由，向人民法院提出婚姻无效

* 湖北省宜昌市中级人民法院高级法官，婚姻家庭合议庭审判长，三峡大学法学院教授。

的申请。法院受理后，没有经过仔细的审查即作出了宣告婚姻无效的判决，随后又作出了关于子女抚养和财产分割的判决。根据最高人民法院于2001年12月24日下发的《关于适用〈中华人民共和国婚姻法〉若干问题的解释（一）》（以下简称《婚姻法司法解释（一）》）第十五条的规定："被宣告无效或被撤销的婚姻，当事人同居期间所得的财产，按共同共有处理。但有证据证明为当事人一方所有的除外。"由于乙女在婚后一直没有工作，双方的共同生活全靠李某的经商所得，李某在婚姻关系存续期间的收入所得应属其个人财产。因此王某只有"净身出户"，所生子李甲则变成了"非婚生子女"，由王某抚养。而《婚姻法司法解释（一）》第九条明确规定了有关婚姻效力的判决一经做出，即发生法律效力。王某不服，又不能提出上诉，只有向人民法院提起申诉。而根据民事诉讼法第一百八十三条规定，当事人对已经发生法律效力的解除婚姻关系的判决，不得申请再审。法院据此驳回了王某的申诉请求。至此，王某已无法从司法途径中获得任何有效的救济。

【典型案例2】

部某某（男），身份证籍贯河南省平舆县，宜昌市方舟航运有限责任公司总经理。刘某某（女），系湖北省宜昌市人。

部某某与刘某某于2007年11月11日在湖北省宜昌市相识并开始同居生活。2009年2月5日，部某某与刘某某在湖北省宜昌市伍家岗区民政局登记结婚，并领取了结婚证。同年10月因刘某某在银行贷款手续中发现部某某与寇某某于1993年2月1日登记结婚的结婚证复印件，便与部某某产生矛盾，随后开始举报部某某重婚。2010年8月部某某诉至伍家岗区法院，请求宣告部某某与刘某某的婚姻关系无效，并依法分割同居期取得的财产。部某某在原审中向法庭提供了部某某与寇某某于1993年2月1日在河南省新蔡县民政局登记结婚的结婚证，以证明部某某与刘某某2009年结婚系重婚。部某某还向原审法院提供了刘某某不追究部某某重婚罪的"承诺书"，以证明刘某某事前明知部某某已婚。

但在原审开庭质证和诉讼过程中，刘某某发现部某某提供的所谓"承诺书"完全系伪造，当庭申请要求法院鉴定 。刘某某在质证时，看到部某某提供的结婚证原件后，发现该结婚证亦有明显造假嫌疑，当庭提出要求鉴定 。刘某某将自己所调查的有关事实与结婚证原件相结合，从中发现部某某与寇某某于1993年2月1日在河南省新蔡县民政局登记结婚的真实性存在严重问题：1. 部某某向原审提供的结婚证（仅部某某一本）涉嫌伪造。因为部某某与寇某某的结婚证，没有编号、字号，两人照片为彩色艺术照，寇某某的姓名存在严重涂改，发证机关上盖的章是“河南省新蔡县婚姻管理专用章”，印章亦明显可见伪造印迹。2. 没有结婚档案。伍家岗区公安机关接到刘某某控告部某某重婚后，向河南省新蔡县民政局发函调查，新蔡县民政局回函：“查无部某某与寇某某二人结婚档案”。刘某某委托律师在新蔡县调查亦证实无“部某某与寇某某二人结婚档案”。同时，刘某某还提出了部某某与寇某某结婚的下列疑点：1. 结婚证样式可疑。1994 年前结婚证式样为“奖状式”，1994 年才开始使用“护照式’结婚证，而部某某与寇某某结婚证为“护照式”结婚证。部某某提供了新蔡县 1993 年 2 月 11 日的结婚证复印件为“奖状式”。2. 部某某与寇某某跨地区进行婚姻登记的真实性可疑。部某某与寇某某的身份证均是河南平舆县，不是河南省新蔡县人，而结婚证却是河南省新蔡县。3. 部某某与寇某某在县城登记婚姻登记可疑。部某某与寇某某系农村的人，按规定应当在乡镇办理结婚登记，不可能在县民政局办理婚姻登记。

在原审中，刘某某以上述事实和理由进行抗辩，认为部某某与寇某某 1993 年结婚的根据不足，结婚证涉嫌造假，其结婚事实不能认定。因而，部某某与刘某某 2009 年结婚不构成重婚。

但原审法院对刘某某要求鉴定“结婚证”和“承诺书”的申请未予采纳，对刘某某的抗辩理由未予采纳，在未进行任何调查核实的情况，于 2010 年 12 月 10 日作出判决。该判决主要依据部某某提供的结婚证认定部某某与寇某某于 1993 年结婚。并依据部某某提供的“承诺书”等事实认定刘某某明知部某某与寇某某系夫妻关系的情况下，与部某某荣于 2009 年登记结婚，部某某与刘某某的结婚行为构成重婚。遂判决宣告部某某与刘某某的婚姻无效。

在宣告部某某与刘某某的婚姻无效后，寇某某又起诉要求刘某某赔偿精神损失。同时，刘某某还面临着可能被追究重婚罪刑事责任。刘某某与部某某的婚姻无效，还会导致刘某某在分割部某某经营公司财产上的巨大损失。

刘某某不服上述婚姻无效判决，却无法通过诉讼救济途径解决。因为根据《婚姻法司法解释（一）》第九条之规定，婚姻无效案件实行一审终审制，婚姻无效的判决一经作出，即发生法律效力，当事人不得上诉。同时，民事诉讼法第一百八十三条规定：“当事人对已经发生法律效力的解除婚姻关系的判决，不得申请再审。”有人据此认为，婚姻无效的判决，也不得再审。

由于本案判决对刘某某的责任和权利影响巨大，刘某某诉讼救济无门，只得向上级法院纪检监察部门控告原审法官枉法裁判。刘某某控告原审法官枉法裁判的主要内容有两个方面，一是原判认定部某某与寇某某结婚的证据不足；二是原判认定刘某某事前明知部某某与寇某某已经结婚的事实错误，刘某某认为自己事前并不知道。

从目前调卷审查原判证据和材料看，尚不能认定原审法官有其他违纪行为。但原判认定部某某与寇某某登记结婚的事实，确实根据不足，事实不清，刘某某反映的情况基本属实。即部某某提供的结婚证有涂改等造假嫌疑，且民政机关证明查无部某某与寇某某结婚档案，这一事实在原审卷宗中反映得很清楚。刘某某反映的其他有关情况，虽然亦提供了相关证据，但还需要进一步调查核实。

（二）案例引发的问题

在“案例1”中，王某的疾病经过治疗已经痊愈。根据婚姻法第十条规定，导致婚姻无效情形已经消失后，不应当再宣告婚姻无效。而法院忽视该法律规定，宣告李某与王某的婚姻无效。李某与王某的婚姻被错误宣告无效后，王某“净身出户”，因无救济途径，只好被迫承受现实。这样处理公平吗？对“婚姻无效判决不得申请再审”的理解正确吗？

在“案例2”中，因认定部某某与寇某某1993年登记结婚，部某某与刘某某的婚姻系重婚，刘某某因此面临重婚刑事追究和财产上的巨大损失以及来自社会各方面的压力。但从原审卷宗中的现有证据材料看，认定部某某与寇某某1993年登记结婚以及刘某某事前明知部某某与寇某某结婚的证据确实不足。而刘某某单纯寻求上级法院纪检监察部门又不能直接解决这些法律上的问题，刘某某的实际问题仍然无法解决。因为目前未发现原审法官有其他违纪行为，难以对其进行违纪追究。即使对原审法官进行责任追究，也难以改变刘某某所在法律上所面临的不利处境。

要解决刘某某所涉及的法律上的权利和责任问题，只能通过诉讼程序解决。由于本案判决已经半年有余，而且最高人民法院规定，婚姻无效案件一审终审，本案已经发生法律效力。现在刘某某唯一可选择的诉讼救济途径，就是本案能否进入再审程序进行再审。

但在目前的理论和司法实践中，一般都认为宣告婚姻无效的案件，适用民事诉讼法第一百八十三条关于“解除婚姻关系的生效判决不得再审”的规定。具有代表性的观点是，《济南市中级人民法院关于当前民商事审判若干法律适用问题的解答》。该院在解答宣告婚姻无效案件是否有救济途径时指出：’宣告婚姻无效的案件系一审终审，且参照“解除婚姻关系的判决不得申请再审‘之规定，宣告婚姻无效的判决也不得申请再审。故对宣告婚姻无效的判决不服，无救济途径。"[①] 所以，有人据此认为，刘某某对婚姻无效的判决无救济途径，此案不能进入再审程序。但如果原审法官有违纪或枉法裁判行为，则可追究其相关责任。目前，在全国范围内，亦尚未发现婚姻无效案件再审的先例。

那么，刘某某真的没有救济途径吗？刘某某只能"束手就擒"或任人宰割吗？

笔者拟对"解除婚姻关系的判决不得申请再审"立法含义进行分析，并结合无效婚姻的性质和特点，就无效婚姻能否进入再审程序进行再审提出自己的意见。

二、理论分析

无效婚姻能否进入再审程序进行再审，关键在于如何理解民事诉讼法第一百八十三条关于"解除婚姻关系的生效判决不得再审"的规定。我们认为，"解除婚姻关系的生效判决不得再审"的规定，不适用婚姻无效案件。对婚姻无效的生效判决有救济途径，即可以进入再审程序审理。

（一）"解除婚姻关系"与确认婚姻无效是两种不同性质的诉讼案件

1. 确认婚姻无效与"解除婚姻关系"两者性质不同。"解除婚姻关系"是形成之诉，确认婚姻无效是确认之诉。"解除婚姻关系"，是指离婚判决已经生效，婚姻关系已经解除的情况。因而，"解除婚姻关系"是特指因离婚诉讼解除婚姻关系的情形。这种情形不包括确认婚姻无效，而且从民事诉讼法第一百八十三条内容颁布的时间来看，也是在婚姻无效制度制定之前，根本不可能包括确认婚姻无效。

2. 确认婚姻无效与"解除婚姻关系"两者法律要件不同。"解除婚姻关系"是以婚姻有效为前提，以"夫妻感情确已破裂"为要件；而确认婚姻无效，则以婚姻无法律效力为前提，以婚姻违法为要件。

3. 确认婚姻无效与"解除婚姻关系"两者诉讼程序不同。离婚案件采取通常程序，两审终审。而目前的婚姻无效案件，采取特别程序审理，[②] 实行一审终审制。

解除婚姻关系在一方死亡（包括宣告死亡）时，则自然解除，无需提

---

① 《济南市中级人民法院关于当前民商事审判若干法律适用问题的解答》，载 http：//cuishengwu. 64online. com/article/index/4020

② 对无效婚姻采取什么程序，在理论上有争议，但《最高人民法院民一庭涉及婚姻案件处理分析民事审判实务问答》中指出，"宣告婚姻无效属非讼案件，人民法院可适用特别诉讼程序的规定予以裁决"。http：//www. lawtime. cn/article/lll354068135457750033935.

起离婚诉讼。而确认婚姻无效，一方甚至双方死亡，有时仍然有必要申请确认婚姻无效。此外，两者在诉讼主体等方面都大不相同。

4. 确认婚姻无效与“解除婚姻关系”两者发生错误的可能性不同。解除婚姻关系是否判决错误，一般只存在对“感情是否破裂”标准宽严不同的理解。对解除婚姻关系涉及再审的情形，主要是针对离婚标准掌握过宽，解除婚姻关系不当而言。但由于对“感情是否破裂”的判断具有很大的主观性或伸缩性，不好把握，再审也难以判定原判绝对错误。而婚姻无效的认定则不同，事实认定和法律适用错误，都可能导致婚姻效力认定错误，而婚姻效力认定错误，在法律上和事实上有明确的区分标准或界限。

5. 确认婚姻无效与“解除婚姻关系”两者所产生的法律后果不同。“解除婚姻关系”是经过离婚程序解除双方的婚姻关系，所涉及的是婚姻关系本身能否解除。因而，即使婚姻关系解除错误，也不会直接导致财产关系处理错误。而婚姻无效则不同，婚姻效力认定错误，直接导致财产性质认定和处理错误，甚至产生重婚罪等严重法律后果。

6. 确认婚姻无效与“解除婚姻关系”两者申请再审目的不同。申请对“解除婚姻关系”案件再审，其目的在于恢复婚姻关系，所涉及的是一个单纯的身份（婚姻）关系恢复问题。而婚姻无效案件的再审，并非是要恢复婚姻关系，而是要重新确认婚姻效力，主要涉及的是婚姻性质或效力问题，并因此引起财产关系的变化。

7. 确认婚姻无效与“解除婚姻关系”两者再审的法律后果不同。由于两者性质不同，申请再审目的不同，再审所产生的法律效果也不同。“解除婚姻关系”案件再审的结果是唯一的，即恢复婚姻关系。而无效婚姻再审的法律后果是多方位的，既可能引起婚姻性质或效力的变化，也可能引起财产性质诸多不同的法律效果。

8. 确认婚姻无效与“解除婚姻关系”两者再审的对象不同。解除婚姻关系再审的对象是“感情是否破裂”，具有较强的情感色彩，法律调整的空间有限，再审的必要性甚微。而婚姻无效再审的对象是“婚姻是否有效”。而“婚姻是否有效”，有明确的法律标准和客观标准，法律容易调整。而且，对婚姻是否有效，法律应当强制调整，发现错误，应当依法纠正。

正因为确认婚姻无效与“解除婚姻关系”两者的性质不同，在原判中可能发生的错误和法律后不同，要求再审的目的和后果等均不同。因而，在是否适用再审程序时，也应当采取不同标准。

（二）解除婚姻关系的判决不得申请再审的原因

最高人民法院《关于适用〈中华人民共和国民事诉讼法〉若干问题的意见》第209条规定："当事人就离婚案件中的财产分割问题申请再审的，如涉及判决中已分割的财产，人民法院应依照民事诉讼法第一百七十九条的规定进行审查，符合再审条件的，应立案审理；如涉及判决中未作处理的夫妻共同财产，应告知当事人另行起诉。"由此可见，离婚案件中的财产问题是可以再审的，仅仅是离婚中所解除的婚姻关系本身不得再审。那么，解除婚姻关系的生效判决为什么不得申请再审，其主要原因是：解除婚姻关系再审的目的具有单一性或特定性，即就是单纯要求恢复原婚姻关系。但由于婚姻（身份）关系的特殊性，决定了再审并不能实现这一目的。

1. 离婚后一方再婚，其原婚姻关系难以恢复。离婚后一方再婚时，不愿意再复婚，而与之再婚的一方也不愿离婚，在这种情况下，再审难以解决恢复婚姻关系问题。

2. 法律无法强制婚姻双方和好。即使离婚后双方没有再婚，一方不愿复婚，也无法通过法律手段强制恢复夫妻关系，撤销原判也不能使原夫妻关系重归和好。因而，对这类案件再审只会出现这样一种情况：一方面再审时法院撤销原离婚判决，另一方面当事人又起诉离婚。这样只会滋生新的诉讼案件，浪费司法资源。

3. 对确实需要恢复婚姻关系的，有正常救济途径。如果双方有恢复婚姻关系的条件和愿望，可以重新进行登记结婚，通过复婚恢复婚姻关系。

4. 再审的标准不好把握。夫妻感情是否确已破裂，本身就是存在不同认识的标准。有些离婚案件，经过一审、甚至二审，判决离婚了，如何判断原判是错的？再审也难以有效解决。

总之，无论是从再审的目的看，还是从离婚标准适用看，解除婚姻关系的案件，不适合再审。而且对有恢复婚姻关系条件的，有正常救济途径，也没有必要通过再审程序解决。

（三）婚姻无效案件再审的可行性与必要性

1. 婚姻无效案件再审在法律上没有障碍

理论上之所以认为婚姻无效案件不得再审，主要是混淆了离婚案件中解除婚姻关系与确认婚姻无效的界限，错误地把确认婚姻无效等同于离婚案件中解除婚姻关系。对此，已如前文所述，确认婚姻无效与"解除婚姻关系"是两种不同性质的案件。由于两者性质不同，民事诉讼法第一百八十三条关于"解除婚姻关系"不得再审的规定，当然不适用婚姻无效。因而，对婚姻无效案件再审，在法律上没有障碍。

2. 婚姻无效案件可以再审

“解除婚姻关系”的案件之所以不能再审，主要是已经解除的婚姻关系，难以通过再审恢复。而婚姻无效再审的目的，并不在于恢复婚姻关系，而是重新确认婚姻效力。而确认婚姻效力所涉及的法律效果的范围较广，既包括身份关系，也包括财产关系。而且，单纯就身份关系来讲，也不是以恢复婚姻关系为目的。再审有两种可能：一是原判将无效婚姻错误地认定为有效婚姻，再审时则改判为婚姻无效，从而消灭其婚姻关系。二是原判将有效婚姻错误地认定为无效婚姻，再审时则改判为婚姻有效，这时则有可能恢复婚姻关系。但应当注意的是，对原判认定为无效、再审认定为有效婚姻，并不必然发生恢复婚姻关系的效果。能否恢复婚姻关系，要从实际出发。一般来讲，对原判认定为无效、再审认定为婚姻有效者，可以按如下三种情况处理：第一，通过离婚诉讼按有效婚姻解除婚姻关系。有相当多的当事人是在双方矛盾激化，无法共同生活时，申请宣告婚姻无效；或者在离婚诉讼中，一方主张（或法官发现）婚姻无效，而被宣告婚姻无效。对这种情况，即使再审认定婚姻有效，当事人也可以通过离婚程序解除婚姻关系，按有效婚姻处理财产。第二，一方或双方已经再婚，不一定恢复婚姻关系。对于在宣告婚姻无效时，双方感情并没有破裂，但因宣告婚姻无效导致一方或双方已经再婚，再审确认婚姻有效时，则不一定发生恢复婚姻关系的效果。比如，再婚双方均属于善意者，一般应当认定后婚有效，前婚自后婚成立之日起消灭。第三，具有恢复婚姻关系条件的，可以恢复婚姻关系。如双方均没有再婚，或者一方或双方再婚被认定无效者，则可以恢复婚姻关系。因而，无效婚姻在客观上是可以再审的。

同时，无效婚姻再审的诉讼请求，是确认婚姻效力，并不是恢复婚姻关系，有关婚姻关系的解除或恢复，是确认婚姻效力所产生的法律效果，属于另一个法律关系，不是再审直接审理的范围。因而，无效婚姻再审后，不论发生何种法律后果，都不影响对婚姻效力本身的再审，只涉及到对其所产生的法律后果如何处理问题。

3. 婚姻无效案件应当再审

婚姻无效案件申请再审，所涉及的一般都是婚姻效力判断错误，而婚姻效力判断错误所导致的法律后果十分严重。

第一，可能导致刑事责任判断错误。这主要是对婚姻有效与无效的判断错误，可能导致重婚罪与非罪的错误。以“案例2”部某某与刘某某婚姻无效案件为例，认定部某某与寇某某存在有效的登记婚姻，部某某与刘某某即构成重婚，面临刑事追究。

第二，可能导致婚姻关系非正常消灭。如上述“案例1”李某与王某结婚后，王某疾病经过治疗已经痊愈，并于2002年育有一子。根据婚姻法第十条规定，无效婚姻情形已经消失，应当认定其婚姻有效。又因李某因他人非法同居，导致夫妻关系渐渐恶化。如果王某不同意离婚，法院并不一定可以认定夫妻感情破裂而判决其离婚。但因错误地认定其婚姻无效，导致其婚姻关系消灭。

第三，可能导致财产性质判断错误，造成当事人重大财产损失。如上述“案例1”李某与王某的婚姻被宣告无效后，“当事人同居期间所得的财产，按共同共有处理。但有证据证明为当事人一方所有的除外”。由于王某在婚后一直没有工作，双方的共同生活全靠李某的经商所得，李某在婚姻关系存续期间的收入所得被认定为个人财产，结果王某被判决“净身出户”。然而，如果再审认定李某与王某婚姻有效，[①] 则会发生截然相反结果。即李某与王某婚姻期间的财产，不仅应当按夫妻共同财产处理，而且王某还可以在离婚时请求李某（因与他人同居）赔偿精神损失。

上述“案例2”如果得不到纠正，当事人同样在财产上遭受巨额损失。

由此可见，对婚姻有效与无效的判断错误，对当事人的权益影响甚广，危害甚大。婚姻无效案件应当依法再审，纠正错误判决。

第四，婚姻有效与无效，只能依靠公权力判决解决，不能通过私权力解决。对于离婚解除婚姻关系后，当事人双方愿意恢复婚姻关系的，可以由当事人自行解决，即复婚。但婚姻有效与无效的确认，私权力没有用武之地，只能通过公权力解决，因而，再审是唯一途径。

第五，对婚姻无效案件进行再审，可以预防和纠正婚姻无效案件的恶意诉讼和恶意判决。婚姻无效采取一审终审制，缺乏二审监督机制，如果又不允许再审，则可能会导致一些人钻法律空子，进行恶意诉讼或恶意判决，破坏法律尊严，损害当事人利益。

① 王某的疾病经过治疗也已经痊愈，根据婚姻法第十条规定，无效婚姻的情形已经消失，应当改判其婚姻有效。

新类型疑难案例选评

镇雄县大顺煤业有限责任公司与管彦宝工伤事故赔偿纠纷案①

余德厚　袁　晶*

[案情]

上诉人（原审原告）镇雄县大顺煤业有限责任公司（以下简称大顺煤矿），住所地镇雄县乌峰镇松林湾。

法定代表人宫联昌，董事长。

被上诉人（原审被告）管彦宝，男，生于1963年1月13日，汉族，贵州省威宁县人，农民，住贵州省威宁县金钟镇寨营村管家坡组。

一审法院查明事实：管彦宝系大顺煤矿采煤工人，2005年11月16日上午，管彦宝在井下采煤时因煤块垮塌受伤。后经镇雄县中医院诊断，管彦宝的伤为：1. 左手第2、3掌骨远端骨折；2. 左耳前方皮肤裂伤。2006年6月21日，昭通市劳动和社会保障局认定管彦宝所受损伤为工伤。同年9月8日，昭通市劳动鉴定委员会鉴定管彦宝伤残为九级，未达到护理等级。庭审中，大顺煤矿认为管彦宝的伤情已有变化，申请重新鉴定，镇雄县人民法院委托云南鼎丰司法鉴定中心对管彦宝的伤情进行鉴定，结论为管彦宝的伤残等级为九级，未影响本人的劳动能力。管彦宝住院期间，大

① 云南省昭通市中级人民法院（2008）昭中民二终字第51号判决书。

* 作者单位：海南省洋浦经济开发区人民法院。

顺煤矿支付管彦宝生活费用2850元，并与管彦宝订立内容为"管彦宝要求出院，以后发生的后遗症与大顺煤矿无关"的"私了协议"。

原告大顺煤矿诉称：1. 云南省人民政府《关于煤矿安全事故伤亡赔偿暂行规定》明确规定：煤矿企业发生事故后，除按照《工伤保险条例》规定的项目赔偿外，还要按照职工年平均工资的11倍支付一次性伤亡赔偿金，但《工伤保险条例》规定的工伤待遇项目中已经包含一次性伤残补助金，云南省人民政府《关于煤矿安全事故伤亡赔偿暂行规定》又规定一次性伤残赔偿金，属于重复赔偿。2. 大顺煤矿未与管彦宝解除劳动合同关系，不应给付管彦宝终止劳动关系的经济补偿金、工伤医疗补助金、工伤就业补助金等赔偿项目。3. 双方达成的私了协议合法有效，应予认定。为此诉请法院撤销仲裁裁决。

被告管彦宝辩称：1.《云南省煤矿安全事故伤亡赔偿暂行规定》属于本省针对煤矿企业的特别规定，与国务院《工伤保险条例》并无冲突；2. 大顺煤矿早已停发工资，其已于劳动仲裁阶段与单位解除了劳动合同。3. 双方所订立的协议是在大顺煤矿乘人之危和其受欺诈情形下签订的，不具有合法性。因此请求法院维持仲裁裁决。

[审判]

一审法院经审理认为，大顺煤矿主张未与管彦宝解除劳动合同关系，但未提供其间发放工资的证据，管彦宝提出其已于劳动仲裁时与单位解除了劳动合同，故应认定双方已解除劳动合同，应按相关规定予以赔偿。结合昭通市劳动鉴定委员会和鼎丰司法鉴定中心的鉴定，应采信昭通市劳动能力鉴定委员会鉴定管彦宝伤残等级为九级，实际已影响本人劳动能力的鉴定结论。因双方当事人对管彦宝的本人月工资未提供确实充分的证据予以证明，故只能参照昭通市统筹地上年度职工月工资标准1215元进行计算。管彦宝受伤后经认定为工伤，大顺煤矿理应对其所遭受的合理损失予以赔偿。因管彦宝未提供医院证明证实其需几级护理、几人护理，而医院已收取相应的护理费用，故管彦宝主张的护理费用不予支持。管彦宝住院期间的伙食补助费大顺煤矿已先行支付，不再支持。根据相关规定，大顺煤矿应承担的合理赔偿项目为：一次性伤残补助金9720元、一次性伤残就业补助金14580元、一次性工伤医疗补助金2430元、一次性伤残赔偿金29160元、停工留薪期工资12150元、鉴定费200元及车旅、食宿费1235元，共计69475元。一审法院依照《工伤保险条例》第三十一条，第三十五条、云南省人民政府关于印发《云南省贯彻〈工伤保险条例〉实施办法》的通知第十三条、《云南省煤矿安全事故伤亡赔偿暂行规定》第六条的规定，判决：由大顺煤矿赔偿管彦宝各项费用共计69475元。

大顺煤矿不服原判决内容，以原审时的理由和“云南鼎丰司法鉴定中心对管彦宝的伤情进行鉴定，结论为‘管彦宝的伤残等级为九级，未影响本人的劳动能力’，因此一审判决其赔偿管彦宝伤残的相关损失不当”为由提起上诉。管彦宝答辩表示同意原审判决。

二审审理认为：管彦宝在大顺煤矿工作时受伤，后经昭通市劳动和社会保障局认定为工伤，上诉人未能提交证据证实为管彦宝办理了工伤保险手续、交纳了保险费，同时双方当事人签订的协议约定的管彦宝“要求出院，以后发生后遗症与大顺煤矿无关”的内容也不能免除大顺煤矿的赔偿义务，故此情形下管彦宝要求大顺煤矿按《工伤保险条例》的规定进行赔偿应予支持。经昭通市劳动鉴定委员会鉴定，管彦宝的伤为九级伤残，未达到护理等级。上诉人未在指定期间内向云南省劳动鉴定委员会申请再次鉴定，该鉴定结论已经生效。且此后鼎丰司法鉴定中心的鉴定也未否定上述昭通市劳动鉴定委员会的鉴定，故原审依照《工伤保险条例》、《云南省贯彻〈工伤保险条例〉实施办法》的相关规定，以九级伤残认定管彦宝的各项损失是恰当的。基于煤矿企业本身特点，一次性伤残赔偿金是在《工伤保险条例》规定的赔偿项目之外，按照云南省人民政府2005年3月21日颁发的《云南省煤矿安全事故伤亡赔偿暂行规定》对煤矿伤亡人员的赔偿，两者不属重复赔偿。上诉人的此上诉理由不能成立。原审对管彦宝各项工伤待遇的认定符合法律规定，判决恰当，依法应予维持。上诉人的上诉理由不能成立，不予支持。依照《中华人民共和国民事诉讼法》第一百五十三条第一款（一）项之规定，作出了“驳回上诉，维持原判”的终审判决。

［评析］

工伤保险赔付与民事侵权赔偿请求权竞合时，应采用补充赔偿模式

本案是一起劳动者工伤伤残后向用人单位同时主张工伤保险赔付和民事侵权赔偿，请求权竞合的劳动争议纠纷。工伤保险赔付与民事侵权赔偿请求权竞合时的处理关系到劳动者、用人单位、其他侵权人、工伤保险经办机构等多方利益。由于我国现行立法对此类案件

中的请求权问题规定尚不明确，各地方在执行中缺乏统一认识，加之法律工作者亦对此有不一致理解，故在案件处理和受害劳动者损害赔偿问题上往往产生分歧。本文将通过对工伤保险赔付和民事侵权赔偿制度的实证分析，借以厘清这两项请求权的实现方案。

一、工伤保险赔付和用人单位民事侵权赔偿之间的关系问题

从各国工伤损害补偿制度的发展来看，从一元化逐渐向多元化发展的趋势明显，在如何处理工伤保险和侵权赔偿的关系上出现取代、选择、兼得、补充四种模式。此四种模式各有利弊。采取选择模式和取代模式不利于劳动者的保护，也不利于防止工伤事故的发生，放纵了民事侵权责任人；无条件地采用兼得模式也不符合合理赔偿和司法平衡的原则，违反了工伤保险制度创设的目的，雇主对劳动者的工伤赔偿责任没有因为得到分散，与社会保障制度有所冲突。在工伤保险责任与民事侵权责任上，结合我国立法现状，笔者认为，我国现行立法确立了补充模式。

工伤保险赔付责任指的是参加工伤保险的用人单位发生工伤事故时，由社保机构按照有关工伤保险的法律法规所承担的补偿责任，义务主体是社保机构，取得依据是所在单位与社保机构建立的保险合同关系；用人单位民事侵权赔偿责任是指参加工伤保险的用人单位发生工伤事故时，由用人单位按照有关工伤保险的法律法规规章所承担的赔偿责任，义务主体是用人单位，取得依据是劳动者与所在单位建立了劳动关系，国家对此作出的相关规定。虽然两者可能基于同一事实而取得，但两者的性质、目的、取得依据、途径、金额、标准、发放者皆不相同。因用人单位过错造成工伤事故的，应当先由工伤保险机构赔付工伤保险待遇，劳动者仍享有依照民事法律向用人单位主张工伤保险待遇以外的民事损害赔偿的权利。该模式既实现了工伤保险制度在化解企业工伤风险方面的功能，又保障了工伤职工得到及时救治和全面获得赔偿的权利。

本案中，由于用人单位未参加工伤保险，导致工伤保险补偿责任和用人单位雇主责任由其同时承担，即此时工伤事故责任全部由用人单位承担，但这完全符合《中华人民共和国安全生产法》第四十八条“因生产安全事故受到损害的从业人员，除依法享有工伤社会保险外，依照有关民事法律尚有获得赔偿的权利的，有权向本单位提出赔偿要求”、《国务院关于进一步加强安全生产工作的决定》（国发［2004］2号）第14条“依法加大生产经营单位对伤亡事故的经济赔偿。生产经营单位必须认真执行工伤保险制度，依法参加工伤保险，及时为从业人员交纳保险费。同时，依据《安全生产法》等有关法律法规，向受到生产安全事故伤害的员工或家属支付赔偿金；进一步提高企业生产安全事故伤亡赔偿标准，建立企业负责人自觉保障安全投入，努力减少事故的机制”和《工伤保险条例》的相关规定，故工伤职工的该两种权益应该得到保护。当事人同时获得补偿和赔偿是根据不同法律关系，主张不同权利的结果。两者既不重复，也不矛盾，更不违反法律规定。

二、《云南省煤矿安全事故伤亡赔偿暂行规定》（以下简称《暂行规定》）的效力及适用

云南省人民政府《暂行规定》第三条规定，“煤矿企业必须依法参加工伤保险，及时为其从业人员缴纳工伤保险费。发生煤矿安全事故后，事故伤亡人员或者其家属除按照《工伤保险条例》及本省有关规定享受工伤保险待遇外，还有权按照本规定要求煤矿企业支付一次性赔偿金。”《暂行规定》第三条第二款的立法原意为在工伤保险制度之外建立相对独立的企业赔偿制度，故煤矿安全事故伤亡人员或者家属按照《工伤保险条例》及本省有关规定享受工伤保险待遇，与按照《暂行规定》要求企业支付一次性赔偿金，适用的是两种并行的法律制度，不能相互取代。

关于《暂行规定》是否能作为裁判依据的问题，笔者认为《暂行规定》设定的赔偿的标准及数额是为了保护特种行业（煤矿企业）劳动者的最大合法权益、维护社会安定、有序正常经济秩序的民事赔偿制度，根据最高人民法院的相关司法解释规定，劳动者在劳动时受伤，雇佣者应承担的职责包括被雇佣者医疗费、生活费、护理费、交通费、伤残赔偿金等一系列费用。劳动关系一经确认就存在，它基于特定的关系而产生。根据发条竞合中特别法优于普通法的原则，《暂行规定》属于特种行业的特种规定，且该《规定》属于地方性规章，并不违反法律的禁止性规定，法院在审判案件中可以参照执行。有关省份的地方性法规、行政规章及各地司法实践也表明，因煤矿安全生产事故遭受损害的受害人除依法获得工伤保险待遇外，尚有独立的依照该类特别规章要求煤矿予以民事赔偿的权利。

煤矿资源开发行业属于高风险、高危作业，《暂行规定》，是针对该行业就安全事故的惩罚性规定，目的是为了要求企业加强安全防范，防患于未然，尽量避免安全事故的发生。法院适用该规定作为赔偿的法律依据并未违反法律的禁止性规定。法院作为正义的最后一道防线，法律适用的目的是最大限度地保障受伤者的合法权益，使其在经济、生活等方面得到安抚保障，因此，在不与现行法律法规相抵触的情况下同时适用地方性规章也是可行的。本案一、二审的处理无疑是正确的。

三、劳动能力鉴定的重新鉴定问题

《工伤保险条例》第二十六条规定："劳动能力鉴定由用人单位、工伤职工或者其直系亲属向设区的市级劳动能力鉴定委员会提出申请。对市级劳动能力鉴定不服的，可以申请省级劳动能力鉴定委员会鉴定。省级鉴定委员会鉴定结论为最终结论。"而"特别法优于一般法"的适用法律的基本原则，不仅适用于实体法，也适用于程序法。具体到工伤事故损害赔偿案件中，如何启动鉴定程序和选择鉴定机构等均应依照《工伤保险条例》的规定进行。本案中，正如二审的观点一样，大顺煤矿未在指定期间内向云南省劳动鉴定委员会申请再次鉴定，该鉴定结论已经生效。当事人如对劳动能力鉴定委员会做出的鉴定结论有异议，即便人民法院通过审查后认为异议成立的，也应通过委托鉴定或提出司法建议等形式，由劳动能力鉴定委员会重新鉴定或启动复查程序。本案中的司法鉴定结论认为"管彦宝的伤残等级为九级，但未影响本人的劳动能力"，该结论显然难以自圆其说，刚好反映了非专业劳动能力鉴定机构在技术方面的不足，一二审均不予采信司法鉴定结论是正确的。

四、认定事实劳动关系终止的相关问题

对于劳资双方的实际权利义务已经灭失，双方形成的事实劳动关系已通过双方的事实行为予以终止的案件，劳动者一方在仲裁或诉讼程序中诉求用人单位给付终止劳动关系的经济补偿金、工伤医疗补助金、工伤就业补助金等赔偿项目时，用人单位往往以双方的劳动关系尚未以书面形式解除为由进行抗辩。为此，确认双方事实劳动关系是否终止往往成为该类案件的争议焦点。若用人单位存在没有为劳动者重新安排工作岗位并停止支付劳动报酬的事实，表明该单位已放弃对劳动者的管理和劳动权利义务的实际履行，可视为作出了终止劳动关系的意思表示，若劳动者也有终止劳动关系的意思表示或行为，则可以认定双方已默示终止劳动关系，应由单位向劳动者支付解除劳动关系的经济补偿金、工伤医疗补助金、工伤就业补助金等。也即确认劳动关系的终止或解除，不应以是否有明确的意思表示形式为条件，而应当根据双方实际权利义务是否灭失和是否有继续履行的必要来判断。因此一、二审法院的处理是完全正确的。

五、工伤赔偿协议的显失公平与重大误解问题

平等主体的公民和法人之间的

协议必须遵循公平、合法性原则协商订立，显失公平的协议自订立起即不具有法律效力。如协议约定的赔偿金额过分低于依法应获得的赔偿金额，则应认定为显失公平。工伤事故损害赔偿纠纷案件中一个比较普遍的现象就是工伤赔偿协议的显失公平问题。发生工伤事故时，特别是没有投保工伤保险的用人单位，为了推卸其责任，会与劳动者签订工伤赔偿协议，承诺赔偿劳动者一些钱，但要求劳动者放弃索赔的权利，并订立一些双方权利义务已经终结，双方不得就之前的劳动关系再主张任何权利的条款。劳动者在签订协议之后，通过咨询法律工作者，得知其获赔数额远远少于其应得数额后，会以欺诈、乘人之危或者显失公平为由诉至法院，要求用人单位按照《工伤保险条例》的规定赔偿。

发生工伤事故，劳动者急需钱治伤和处理死者善后，为了及时获得赔偿款，以解燃眉之急，往往违背其真实意思表示与用人单位签订赔偿协议，但劳动者主张其受欺诈或对方乘人之危签订赔偿协议往往因举证不能而不能获得法院的支持。故法院更多地是考虑补偿协议的显失公平问题，但如何认定当事人达成的和解协议显失公平，即显失公平的认定标准问题，法官们的看法并不一致。许多裁判文书的理由评判部分都认为，“双方当事人在相关组织的主持下，达成了和解协议，领取了赔偿款项，属于双方互谅互让的表现，因此双方当事人意思表示真实，所订立的赔偿协议有效……”对此，笔者认为，为了尽量保护劳动者的合法权益，如果应得的赔偿款与实际获得的赔偿款悬殊较大，比如实际赔偿款低于应得赔偿款的80%，就应认定为显失公平。因为当事人达成的人身损害赔偿协议是否具有民事合同效力，目前法律暂无明文规定，而且通过所谓“协议”方式就让赔偿权利人实际丧失掉数额巨大的工伤赔偿，从法理上讲实在显失公平。具体理由有以下两点：

第一，根据合同法第五十四条规定：下列合同当事人一方有权请求人民法院或者仲裁机构变更撤销的有：（一）因重大误解订立的；（二）在订立合同的显示公平的……同时《最高人民法院司法解释关于审理劳动争议案件若干问题的解释》第二十二条规定：对于追索劳动报酬、养老金、医疗费及工伤保险待遇、经济赔偿金及其他相关费用等案件，给付数额不当的，人民法院予以变更。如协议约定的赔偿金额过分低于依法应获得的赔偿金额，则明显属于显失公平，履行该协议的后果将导致受害人一方权利受到明显损害。按照劳动法侧重保护劳动者的立法原则，对劳动者一方要求按劳动法、《工伤保险条例》等法律法规规定的标准进行赔偿的请求应予以支持。

第二，尽管劳动者有权处分自己的私权利，但这种处分行为应建立在劳动者充分知晓自己的权利内容的基础上，即劳动者明白无误地知道自己享有哪些权利、实现这些权利后可以得到哪些现实利益等。如果受害人对于具体工伤事故赔偿的国家标准并不知晓，不清楚自己享有哪些权利以及实现这些权利后可以获得什么利益（用人单位也未能举证证明其与主持调解的第三方对受害人一方做了任何形式的告知），导致其轻易与单位订立了私了协议，则可以认为受害人是在重大误解情况下作出的民事行为，按照合同法的规定，其处分其权利的行为属于有瑕疵的行为，合同效力处于待定状态。如果劳动者一方诉求予以撤销或变更的，应依法予以撤销或变更，并作出补足工伤保险待遇差额的判决。

最新立法、司法动态

中华人民共和国职业病防治法修正案（草案）

一、第二条第三款修改为："职业病的分类和目录由国务院卫生行政部门会同国务院安全生产监督管理部门、人力资源社会保障部门规定、调整并公布。"

二、第三条修改为："职业病防治工作坚持预防为主、防治结合的方针，建立用人单位负责、行政机关监管、行业协会规范、职工群众和社会监督的机制，实行分类管理、综合治理。"

三、第四条增加一款，作为第三款："工会组织依法对职业病防治工作进行监督，维护劳动者的合法权益。"

四、第七条修改为："国家鼓励研制、开发、推广、应用有利于职业病防治和保护劳动者健康的新技术、新设备、新工艺、新材料，加强对职业病的机理和发生规律的基础研究，提高职业病防治科学技术水平；积极采用有效的职业病防治技术、设备、工艺、材料；限制使用或者淘汰职业病危害严重的技术、设备、工艺、材料。"

五、第八条第二款修改为："国务院安全生产监督管理部门、卫生行政部门、人力资源社会保障部门依照本法和国务院确定的职责，负责全国职业病防治的监督管理工作。国务院有关部门在各自的职责范围内负责职业病防治的有关监督管理工作。"

第三款修改为："县级以上地方人民政府负责工作场所职业卫生监督管理的部门、卫生行政部门、人力资源社会保障部门依据各自职责，负责本行政区域内职业病防治的监督管理工作。县级以上地方人民政府有关部门在各自的职责范围内负责职业病防治的有关监督管理工作。"

增加一款，作为第四款："县级以上人民政府职业卫生监督管理部门应当加强沟通，密切配合，按照各自职责分工，依法行使职权，承担责任。"

六、第九条增加一款，作为第二款："县级以上地方人民政府统一负责、领导、组织、协调本行政区域的职业病防治工作，建立健全职业病防治工作体制、机制，统一领导、指挥职业卫生突发事件应对工作；加强职业病防治能力建设和服务体系建设，完善、落实职业病防治工作责任制，对职业卫生监督管理部门进行评议、考核。"

第二款作为第三款，修改为："乡、民族乡、镇的人民政府应当认真执行本法，支持职业卫生监督管理部门依法履行职责。"

七、第十条修改为："县级以上人民政府职业卫生监督管理部门应当加强对职业病防治的宣传教育，普及职业病防治的知识，增强用人单位的职业病防治观念，提高劳动者的职业健康意识、自我保护意识和行使职业卫生保护权利的能力。"

八、第十一条修改为："有关防治职业病的国家职业卫生标准，由国务院卫生行政部门组织制定并公布。

"国务院卫生行政部门应当组织开展重点职业病监测和专项调查，对职业健康风险进行评估，为制定职业卫生标准和职业病防治政策提供科学依据。"

九、第十四条修改为："国家建立职业病危害项目申报制度。

"用人单位工作场所存在职业病目录所列职业病的危害因素的，应当及时、如实向所在地负责工作场所职业卫生监督管理的部门申报危害项目，接受监督。

"职业病危害因素分类目录由国务院卫生行政部门制定并公布。职业病危害项目申报的具体办法由国务院安全生产监督管理部门制定。"

十、第十五条第三款修改为："建设项目职业病危害分类管理办法由国务院安全生产监督管理部门制定。"

十一、删除第三十条第三款、第四十九条第二款中的"或者终止"。

十二、第三十一条第一款修改为："用人单位的主要负责人和职业卫生管理人员应当接受职业卫生培训，遵守职业病防治法律、法规，依法组织本单位的职业病防治工作。"

十三、第三十四条第一款修改为："发生或者可能发生急性职业病危害事故时，用人单位应当立即采取应急救援和控制措施，并及时报告所在地负责工作场所职业卫生监督管理的部门和有关部门。负责工作场所职业卫生监督管理的部门接到报告后，应当及时会同有关部门组织调查处理；必要时，可以采取临时控制措施。卫生行政部门应当组织做好医疗救治工作。”

十四、第三十九条修改为：“医疗卫生机构承担职业病诊断，应当经省、自治区、直辖市人民政府卫生行政部门批准。省、自治区、直辖市人民政府卫生行政部门应当向社会公布本行政区域内承担职业病诊断的医疗卫生机构的名单。

“承担职业病诊断的医疗卫生机构应当具备下列条件：

“（一）持有《医疗机构执业许可证》；

“（二）具有与开展职业病诊断相适应的医疗卫生技术人员；

“（三）具有与开展职业病诊断相适应的仪器、设备；

“（四）具有健全的职业病诊断质量管理制度。

“承担职业病诊断的医疗卫生机构不得拒绝劳动者进行职业病诊断的要求。”

十五、第四十二条第一款第二项修改为：“职业病危害接触史和工作场所职业病危害因素检测资料”。

第二款修改为：“没有证据否定职业病危害因素与病人临床表现之间的必然联系的，应当诊断为职业病。”

十六、第四十三条修改为：“用人单位和医疗卫生机构发现职业病病人或者疑似职业病病人时，应当及时向所在地卫生行政部门和负责工作场所职业卫生监督管理的部门报告。确诊为职业病的，用人单位还应当向所在地人力资源社会保障部门报告。接到报告的部门应当依法作出处理。”

十七、第四十八条修改为：“用人单位应当如实提供职业病诊断、鉴定所需的劳动者职业史和职业病危害接触史、工作场所职业病危害因素检测结果等资料；负责工作场所职业卫生监督管理的部门应当监督检查和督促用人单位提供上述资料；劳动者和有关机构也应当提供与职业病诊断、鉴定有关的资料。

“承担职业病诊断的医疗卫生机构、职业病诊断鉴定委员会（以下统称诊断、鉴定机构）认为需要时，可以对工作场所进行现场调查，负责工作场所职业卫生监督管理的部门应当予以配合；用人单位不得拒绝、阻挠。”

十八、增加一条作为第四十九条：“职业病诊断、鉴定过程中，用人单位不提供工作场所职业病危害因素检测结果等资料的，诊断、鉴定机构应当结合劳动者的临床表现、辅助检查结果和劳动者的职业史、职业病危害接触史，并参考劳动者的自述、负责工作场所职业卫生监督管理的部门提供的日常监督检查信息等，作出职业病诊断、鉴定结论。

“劳动者对用人单位提供的工作场所职业病危害因素检测结果等资料有异议，或者因劳动者的用人单位解散、破产，无用人单位提供上述资料的，诊断、鉴定机构应当提请负责工作场所职业卫生监督管理的部门进行调查，由该部门对存在异议的资料或者工作场所职业病危害因素状况作出判定；有关部门应当配合。”

十九、增加一条作为第五十条：“职业病诊断、鉴定过程中，在确认劳动者职业史、职业病危害接触史时，当事人对劳动关系、工种、工作岗位或者在岗时间有争议的，可以向当地的劳动人事争议仲裁委员会申请仲裁；接到申请的劳动人事争议仲裁委员会应当受理，并在30日内作出裁决。

“当事人在仲裁过程中对自己提出的主张，有责任提供证据。劳动者无法提供由用人单位掌握管理的与仲裁主张有关的证据的，仲裁庭应当要求用人单位在指定期限内提供；用人单位在指定期限内不提供的，应当承担不利后果。

“劳动者对仲裁裁决不服的，可以依照《中华人民共和国劳动争议调解仲裁法》的规定向人民法院提起诉讼。用人单位对仲裁裁决不服、拟向人民法院提起诉讼的，应当在职业病诊断、鉴定程序结束之日起15日内提起诉讼；诉讼期间，劳动者的治疗费用按照职业病待遇规定的途径支付。”

二十、第五十五条作为第五十七条，修改为：“县级以上人民政府职业卫生监督管理部门依照职业病防治法律、法规、国家职业卫生标准和卫生要求，依据职责划分，对职业病防治工作进行监督检查。”

二十一、第六十二条作为第六十四条，第三项修改为：“职业病危害严重的建设项目，其职业病防护设施设计未经负责工作场所职业卫生监督管理的部门审查，或者不符合国家职业卫生标准和卫生要求施工的”。

二十二、第六十四条作为第六十六条，增加一项作为第五项：“未依照本法规定在劳动者离开用人单位时提供职业健康监护档案复印件的。”

二十三、第六十五条作为第六十七条，修改为：“用人单位违反本法规定，有下列行为之一的，由负责工作场所职业卫生监督管理的部门给予警告，责令限期改正，逾期不改正的，处五万元以上二十万元以下的罚款；情节严重的，责令停止产生职业病危害的作业，或者提请有关人民政府按照国务院规定的权限责令关闭：

“（一）工作场所职业病危害因素的强度或者浓度超过国家职业卫生标

准的；

“（二）未提供职业病防护设施和个人使用的职业病防护用品，或者提供的职业病防护设施和个人使用的职业病防护用品不符合国家职业卫生标准和卫生要求的；

“（三）对职业病防护设备、应急救援设施和个人使用的职业病防护用品未按照规定进行维护、检修、检测，或者不能保持正常运行、使用状态的；

“（四）未按照规定对工作场所职业病危害因素进行检测、评价的；

“（五）工作场所职业病危害因素经治理仍然达不到国家职业卫生标准和卫生要求时，未停止存在职业病危害因素的作业的；

“（六）未按照规定安排职业病病人、疑似职业病病人进行诊治的；

“（七）发生或者可能发生急性职业病危害事故时，未立即采取应急救援和控制措施或者未按照规定及时报告的；

“（八）未按照规定在产生严重职业病危害的作业岗位醒目位置设置警示标识和中文警示说明的；

“（九）拒绝职业卫生监督管理部门监督检查的；

“（十）隐瞒、毁损职业健康监护档案、工作场所职业病危害因素检测评价结果等相关资料，或者不提供职业病诊断、鉴定所需资料的；

“（十一）未按照规定承担职业病诊断、鉴定费用的。”

二十四、第七十六条作为第七十八条，修改为：“县级以上地方人民政府在职业病防治工作中未依照本法履行职责，本行政区域出现重大职业病危害事故、造成严重社会影响的，依法对直接负责的主管人员和其他直接责任人员给予记过直至开除的处分。

“县级以上人民政府职业卫生监督管理部门不履行本法规定的职责，或者滥用职权、玩忽职守、徇私舞弊，依法对直接负责的主管人员和其他直接责任人员给予记过或者降级的处分；造成职业病危害事故或者其他严重后果的，依法给予记过直至开除的处分。”

二十五、第七十八条作为第八十条，增加一款作为第三款：“对医疗机构放射性职业病危害控制的监督管理，由卫生行政部门依照本法的规定实施。”

二十六、将第六条第二款、第四十一条中的“劳动保障行政部门”修改为“人力资源社会保障部门”。

将第十三条第六项、第二十六条第二款中的“国务院卫生行政部门”修改为“国务院卫生行政部门、安全生产监督管理部门”。

将第十五条第一款，第十六条第二款、第三款，第五十六条，第五十七条，第六十条，第六十二条，第六十三条，第六十四条，第六十六条，第六十八条，第七十条中的“卫生行政部门”修改为“负责工作场所职业卫生监督管理的部门”。

将第十七条中的“省级以上人民政府卫生行政部门资质认证的”修改为“国务院安全生产监督管理部门或者省、自治区、直辖市人民政府负责工作场所职业卫生监督管理的部门按照职责分工给予资质认可的”。

将第二十四条第二款中的“国务院卫生行政部门”修改为“国务院安全生产监督管理部门”，“所在地卫生行政部门”修改为“所在地负责工作场所职业卫生监督管理的部门”。

将第二十四条第三款中的“省级以上人民政府卫生行政部门资质认证的”修改为“国务院安全生产监督管理部门或者设区的市级以上地方人民政府负责工作场所职业卫生监督管理的部门按照职责分工给予资质认可的”。

将第三十二条第一款中的“国务院卫生行政部门”修改为“国务院安全生产监督管理部门、卫生行政部门”。

将第六十一条第二款中的“卫生行政部门”修改为“职业卫生监督管理部门”。

将第六十七条中的“卫生行政部门”修改为“有关主管部门依据职责分工”。

将第七十二条、第七十三条中的“卫生行政部门”修改为“负责工作场所职业卫生监督管理的部门和卫生行政部门依据职责分工”。

将第七十五条中的“卫生行政部门”修改为“卫生行政部门、负责工作场所职业卫生监督管理的部门”。

二十七、本修正案自公布之日起施行。本修正案施行前，依据《中华人民共和国职业病防治法》制定的有关行政法规和地方性法规、规章，其内容与本修正案相抵触的，以本修正案为准。

《中华人民共和国职业病防治法》根据本修正案作相应修改并对条款顺序作相应调整，重新公布。

附：《中华人民共和国职业病防治法》修正前后对照表

附：

《中华人民共和国职业病防治法》修正前后对照表

修正前	修正后
第一章　总则	第一章　总则
第一条　为了预防、控制和消除职业病危害，防治职业病，保护劳动者健康及其相关权益，促进经济发展，根据宪法，制定本法。	第一条　为了预防、控制和消除职业病危害，防治职业病，保护劳动者健康及其相关权益，促进经济发展，根据宪法，制定本法。
第二条　本法适用于中华人民共和国领域内的职业病防治活动。本法所称职业病，是指企业、事业单位和个体经济组织（以下统称用人单位）的劳动者在职业活动中，因接触粉尘、放射性物质和其他有毒、有害物质等因素而引起的疾病。职业病的分类和目录由国务院卫生行政部门会同国务院劳动保障行政部门规定、调整并公布。	第二条　本法适用于中华人民共和国领域内的职业病防治活动。本法所称职业病，是指企业、事业单位和个体经济组织（以下统称用人单位）的劳动者在职业活动中，因接触粉尘、放射性物质和其他有毒、有害物质等因素而引起的疾病。职业病的分类和目录由国务院卫生行政部门会同国务院安全生产监督管理部门、人力资源社会保障部门规定、调整并公布。
第三条　职业病防治工作坚持预防为主、防治结合的方针，实行分类管理、综合治理。	第三条　职业病防治工作坚持预防为主、防治结合的方针，建立用人单位负责、行政机关监管、行业协会规范、职工群众和社会监督的机制，实行分类管理、综合治理。

修正前	修正后
第四条　劳动者依法享有职业卫生保护的权利。用人单位应当为劳动者创造符合国家职业卫生标准和卫生要求的工作环境和条件，并采取措施保障劳动者获得职业卫生保护。	第四条　劳动者依法享有职业卫生保护的权利。用人单位应当为劳动者创造符合国家职业卫生标准和卫生要求的工作环境和条件，并采取措施保障劳动者获得职业卫生保护。工会组织依法对职业病防治工作进行监督，维护劳动者的合法权益。
第五条　用人单位应当建立、健全职业病防治责任制，加强对职业病防治的管理，提高职业病防治水平，对本单位产生的职业病危害承担责任。	第五条　用人单位应当建立、健全职业病防治责任制，加强对职业病防治的管理，提高职业病防治水平，对本单位产生的职业病危害承担责任。
第六条　用人单位必须依法参加工伤社会保险。国务院和县级以上地方人民政府劳动保障行政部门应当加强对工伤社会保险的监督管理，确保劳动者依法享受工伤社会保险待遇。	第六条　用人单位必须依法参加工伤社会保险。国务院和县级以上地方人民政府人力资源社会保障部门应当加强对工伤社会保险的监督管理，确保劳动者依法享受工伤社会保险待遇。
第七条　国家鼓励研制、开发、推广、应用有利于职业病防治和保护劳动者健康的新技术、新工艺、新材料，加强对职业病的机理和发生规律的基础研究，提高职业病防治科学技术水平；积极采用有效的职业病防治技术、工艺、材料；限制使用或者淘汰职业病危害严重的技术、工艺、材料。	第七条　国家鼓励研制、开发、推广、应用有利于职业病防治和保护劳动者健康的新技术、新设备、新工艺、新材料，加强对职业病的机理和发生规律的基础研究，提高职业病防治科学技术水平；积极采用有效的职业病防治技术、设备、工艺、材料；限制使用或者淘汰职业病危害严重的技术、设备、工艺、材料。

修正前	修正后
第八条　国家实行职业卫生监督制度。国务院卫生行政部门统一负责全国职业病防治的监督管理工作。国务院有关部门在各自的职责范围内负责职业病防治的有关监督管理工作。县级以上地方人民政府卫生行政部门负责本行政区域内职业病防治的监督管理工作。县级以上地方人民政府有关部门在各自的职责范围内负责职业病防治的有关监督管理工作。	第八条　国家实行职业卫生监督制度。国务院安全生产监督管理部门、卫生行政部门、人力资源社会保障部门依照本法和国务院确定的职责，负责全国职业病防治的监督管理工作。国务院有关部门在各自的职责范围内负责职业病防治的有关监督管理工作。县级以上地方人民政府负责工作场所职业卫生监督管理的部门、卫生行政部门、人力资源社会保障部门依据各自职责，负责本行政区域内职业病防治的监督管理工作。县级以上地方人民政府有关部门在各自的职责范围内负责职业病防治的有关监督管理工作。县级以上人民政府职业卫生监督管理部门应当加强沟通，密切配合，按照各自职责分工，依法行使职权，承担责任。
第九条　国务院和县级以上地方人民政府应当制定职业病防治规划，将其纳入国民经济和社会发展计划，并组织实施。乡、民族乡、镇的人民政府应当认真执行本法，支持卫生行政部门依法履行职责。	第九条　国务院和县级以上地方人民政府应当制定职业病防治规划，将其纳入国民经济和社会发展计划，并组织实施。县级以上地方人民政府统一负责、领导、组织、协调本行政区域的职业病防治工作，建立健全职业病防治工作体制、机制，统一领导、指挥职业卫生突发事件应对工作；加强职业病防治能力建设和服务体系建设，完善、落实职业病防治工作责任制，对职业卫生监督管理部门进行评议、考核。乡、民族乡、镇的人民政府应当认真执行本法，支持职业卫生监督管理部门依法履行职责。
第十条　县级以上人民政府卫生行政部门和其他有关部门应当加强对职业病防治的宣传教育，普及职业病防治的知识，增强用人单位的职业病防治观念，提高劳动者的自我健康保护意识。	第十条　县级以上人民政府职业卫生监督管理部门应当加强对职业病防治的宣传教育，普及职业病防治的知识，增强用人单位的职业病防治观念，提高劳动者的职业健康意识、自我保护意识和行使职业卫生保护权利的能力。

修正前	修正后
第十一条　有关防治职业病的国家职业卫生标准，由国务院卫生行政部门制定并公布。	第十一条　有关防治职业病的国家职业卫生标准，由国务院卫生行政部门组织制定并公布。国务院卫生行政部门应当组织开展重点职业病监测和专项调查，对职业健康风险进行评估，为制定职业卫生标准和职业病防治政策提供科学依据。
第十二条　任何单位和个人有权对违反本法的行为进行检举和控告。对防治职业病成绩显著的单位和个人，给予奖励。	第十二条　任何单位和个人有权对违反本法的行为进行检举和控告。对防治职业病成绩显著的单位和个人，给予奖励。
第二章　前期预防	第二章　前期预防
第十三条　产生职业病危害的用人单位的设立除应当符合法律、行政法规规定的设立条件外，其工作场所还应当符合下列职业卫生要求：（一）职业病危害因素的强度或者浓度符合国家职业卫生标准；（二）有与职业病危害防护相适应的设施；（三）生产布局合理，符合有害与无害作业分开的原则；（四）有配套的更衣间、洗浴间、孕妇休息间等卫生设施；（五）设备、工具、用具等设施符合保护劳动者生理、心理健康的要求；（六）法律、行政法规和国务院卫生行政部门关于保护劳动者健康的其他要求。	第十三条　产生职业病危害的用人单位的设立除应当符合法律、行政法规规定的设立条件外，其工作场所还应当符合下列职业卫生要求：（一）职业病危害因素的强度或者浓度符合国家职业卫生标准；（二）有与职业病危害防护相适应的设施；（三）生产布局合理，符合有害与无害作业分开的原则；（四）有配套的更衣间、洗浴间、孕妇休息间等卫生设施；（五）设备、工具、用具等设施符合保护劳动者生理、心理健康的要求；（六）法律、行政法规和国务院卫生行政部门、安全生产监督管理部门关于保护劳动者健康的其他要求。
第十四条　在卫生行政部门中建立职业病危害项目的申报制度。用人单位设有依法公布的职业病目录所列职业病的危害项目的，应当及时、如实向卫生行政部门申报，接受监督。职业病危害项目申报的具体办法由国务院卫生行政部门制定。	第十四条　国家建立职业病危害项目申报制度。用人单位工作场所存在职业病目录所列职业病的危害因素的，应当及时、如实向所在地负责工作场所职业卫生监督管理的部门申报危害项目，接受监督。职业病危害因素分类目录由国务院卫生行政部门制定并公布。职业病危害项目申报的具体办法由国务院安全生产监督管理部门制定。

修正前	修正后
第十五条　新建、扩建、改建建设项目和技术改造、技术引进项目（以下统称建设项目）可能产生职业病危害的，建设单位在可行性论证阶段应当向卫生行政部门提交职业病危害预评价报告。卫生行政部门应当自收到职业病危害预评价报告之日起三十日内，作出审核决定并书面通知建设单位。未提交预评价报告或者预评价报告未经卫生行政部门审核同意的，有关部门不得批准该建设项目。职业病危害预评价报告应当对建设项目可能产生的职业病危害因素及其对工作场所和劳动者健康的影响作出评价，确定危害类别和职业病防护措施。建设项目职业病危害分类目录和分类管理办法由国务院卫生行政部门制定。	第十五条　新建、扩建、改建建设项目和技术改造、技术引进项目（以下统称建设项目）可能产生职业病危害的，建设单位在可行性论证阶段应当向负责工作场所职业卫生监督管理的部门提交职业病危害预评价报告。负责工作场所职业卫生监督管理的部门应当自收到职业病危害预评价报告之日起三十日内，作出审核决定并书面通知建设单位。未提交预评价报告或者预评价报告未经负责工作场所职业卫生监督管理的部门审核同意的，有关部门不得批准该建设项目。职业病危害预评价报告应当对建设项目可能产生的职业病危害因素及其对工作场所和劳动者健康的影响作出评价，确定危害类别和职业病防护措施。建设项目职业病危害分类管理办法由国务院安全生产监督管理部门制定。
第十六条　建设项目的职业病防护设施所需费用应当纳入建设项目工程预算，并与主体工程同时设计，同时施工，同时投入生产和使用。职业病危害严重的建设项目的防护设施设计，应当经卫生行政部门进行卫生审查，符合国家职业卫生标准和卫生要求的，方可施工。建设项目在竣工验收前，建设单位应当进行职业病危害控制效果评价。建设项目竣工验收时，其职业病防护设施经卫生行政部门验收合格后，方可投入正式生产和使用。	第十六条　建设项目的职业病防护设施所需费用应当纳入建设项目工程预算，并与主体工程同时设计，同时施工，同时投入生产和使用。职业病危害严重的建设项目的防护设施设计，应当经负责工作场所职业卫生监督管理的部门审查，符合国家职业卫生标准和卫生要求的，方可施工。建设项目在竣工验收前，建设单位应当进行职业病危害控制效果评价。建设项目竣工验收时，其职业病防护设施经负责工作场所职业卫生监督管理的部门验收合格后，方可投入正式生产和使用。
第十七条　职业病危害预评价、职业病危害控制效果评价由依法设立的取得省级以上人民政府卫生行政部门资质认证的职业卫生技术服务机构进行。职业卫生技术服务机构所作评价应当客观、真实。	第十七条　职业病危害预评价、职业病危害控制效果评价由依法设立的取得国务院安全生产监督管理部门或者省、自治区、直辖市人民政府负责工作场所职业卫生监督管理的部门按照职责分工给予资质认可的职业卫生技术服务机构进行。职业卫生技术服务机构所作评价应当客观、真实。

修正前	修正后
第十八条　国家对从事放射、高毒等作业实行特殊管理。具体管理办法由国务院制定。	第十八条　国家对从事放射、高毒等作业实行特殊管理。具体管理办法由国务院制定。
第三章　劳动过程中的防护与管理	第三章　劳动过程中的防护与管理
第十九条　用人单位应当采取下列职业病防治管理措施：（一）设置或者指定职业卫生管理机构或者组织，配备专职或者兼职的职业卫生专业人员，负责本单位的职业病防治工作；（二）制定职业病防治计划和实施方案；（三）建立、健全职业卫生管理制度和操作规程；（四）建立、健全职业卫生档案和劳动者健康监护档案；（五）建立、健全工作场所职业病危害因素监测及评价制度；（六）建立、健全职业病危害事故应急救援预案。	第十九条　用人单位应当采取下列职业病防治管理措施：（一）设置或者指定职业卫生管理机构或者组织，配备专职或者兼职的职业卫生专业人员，负责本单位的职业病防治工作；（二）制定职业病防治计划和实施方案；（三）建立、健全职业卫生管理制度和操作规程；（四）建立、健全职业卫生档案和劳动者健康监护档案；（五）建立、健全工作场所职业病危害因素监测及评价制度；（六）建立、健全职业病危害事故应急救援预案。
第二十条　用人单位必须采用有效的职业病防护设施，并为劳动者提供个人使用的职业病防护用品。用人单位为劳动者个人提供的职业病防护用品必须符合防治职业病的要求；不符合要求的，不得使用。	第二十条　用人单位必须采用有效的职业病防护设施，并为劳动者提供个人使用的职业病防护用品。用人单位为劳动者个人提供的职业病防护用品必须符合防治职业病的要求；不符合要求的，不得使用。
第二十一条　用人单位应当优先采用有利于防治职业病和保护劳动者健康的新技术、新工艺、新材料，逐步替代职业病危害严重的技术、工艺、材料。	第二十一条　用人单位应当优先采用有利于防治职业病和保护劳动者健康的新技术、新工艺、新材料，逐步替代职业病危害严重的技术、工艺、材料。
第二十二条　产生职业病危害的用人单位，应当在醒目位置设置公告栏，公布有关职业病防治的规章制度、操作规程、职业病危害事故应急救援措施和工作场所职业病危害因素检测结果。对产生严重职业病危害的作业岗位，应当在其醒目位置，设置警示标识和中文警示说明。警示说明应当载明产生职业病危害的种类、后果、预防以及应急救治措施等内容。	第二十二条　产生职业病危害的用人单位，应当在醒目位置设置公告栏，公布有关职业病防治的规章制度、操作规程、职业病危害事故应急救援措施和工作场所职业病危害因素检测结果。对产生严重职业病危害的作业岗位，应当在其醒目位置，设置警示标识和中文警示说明。警示说明应当载明产生职业病危害的种类、后果、预防以及应急救治措施等内容。

修正前	修正后
第二十三条　对可能发生急性职业损伤的有毒、有害工作场所，用人单位应当设置报警装置，配置现场急救用品、冲洗设备、应急撤离通道和必要的泄险区。对放射工作场所和放射性同位素的运输、贮存，用人单位必须配置防护设备和报警装置，保证接触放射线的工作人员佩戴个人剂量计。对职业病防护设备、应急救援设施和个人使用的职业病防护用品，用人单位应当进行经常性的维护、检修，定期检测其性能和效果，确保其处于正常状态，不得擅自拆除或者停止使用。	第二十三条　对可能发生急性职业损伤的有毒、有害工作场所，用人单位应当设置报警装置，配置现场急救用品、冲洗设备、应急撤离通道和必要的泄险区。对放射工作场所和放射性同位素的运输、贮存，用人单位必须配置防护设备和报警装置，保证接触放射线的工作人员佩戴个人剂量计。对职业病防护设备、应急救援设施和个人使用的职业病防护用品，用人单位应当进行经常性的维护、检修，定期检测其性能和效果，确保其处于正常状态，不得擅自拆除或者停止使用。
第二十四条　用人单位应当实施由专人负责的职业病危害因素日常监测，并确保监测系统处于正常运行状态。用人单位应当按照国务院卫生行政部门的规定，定期对工作场所进行职业病危害因素检测、评价。检测、评价结果存入用人单位职业卫生档案，定期向所在地卫生行政部门报告并向劳动者公布。职业病危害因素检测、评价由依法设立的取得省级以上人民政府卫生行政部门资质认证的职业卫生技术服务机构进行。职业卫生技术服务机构所作检测、评价应当客观、真实。发现工作场所职业病危害因素不符合国家职业卫生标准和卫生要求时，用人单位应当立即采取相应治理措施，仍然达不到国家职业卫生标准和卫生要求的，必须停止存在职业病危害因素的作业；职业病危害因素经治理后，符合国家职业卫生标准和卫生要求的，方可重新作业。	第二十四条　用人单位应当实施由专人负责的职业病危害因素日常监测，并确保监测系统处于正常运行状态。用人单位应当按照国务院安全生产监督管理部门的规定，定期对工作场所进行职业病危害因素检测、评价。检测、评价结果存入用人单位职业卫生档案，定期向所在地负责工作场所职业卫生监督管理的部门报告并向劳动者公布。职业病危害因素检测、评价由依法设立的取得国务院安全生产监督管理部门或者设区的市级以上地方人民政府负责工作场所职业卫生监督管理的部门按照职责分工给予资质认可的职业卫生技术服务机构进行。职业卫生技术服务机构所作检测、评价应当客观、真实。发现工作场所职业病危害因素不符合国家职业卫生标准和卫生要求时，用人单位应当立即采取相应治理措施，仍然达不到国家职业卫生标准和卫生要求的，必须停止存在职业病危害因素的作业；职业病危害因素经治理后，符合国家职业卫生标准和卫生要求的，方可重新作业。

修正前	修正后
第二十五条　向用人单位提供可能产生职业病危害的设备的，应当提供中文说明书，并在设备的醒目位置设置警示标识和中文警示说明。警示说明应当载明设备性能、可能产生的职业病危害、安全操作和维护注意事项、职业病防护以及应急救治措施等内容。	第二十五条　向用人单位提供可能产生职业病危害的设备的，应当提供中文说明书，并在设备的醒目位置设置警示标识和中文警示说明。警示说明应当载明设备性能、可能产生的职业病危害、安全操作和维护注意事项、职业病防护以及应急救治措施等内容。
第二十六条　向用人单位提供可能产生职业病危害的化学品、放射性同位素和含有放射性物质的材料的，应当提供中文说明书。说明书应当载明产品特性、主要成份、存在的有害因素、可能产生的危害后果、安全使用注意事项、职业病防护以及应急救治措施等内容。产品包装应当有醒目的警示标识和中文警示说明。贮存上述材料的场所应当在规定的部位设置危险物品标识或者放射性警示标识。国内首次使用或者首次进口与职业病危害有关的化学材料，使用单位或者进口单位按照国家规定经国务院有关部门批准后，应当向国务院卫生行政部门报送该化学材料的毒性鉴定以及经有关部门登记注册或者批准进口的文件等资料。	第二十六条　向用人单位提供可能产生职业病危害的化学品、放射性同位素和含有放射性物质的材料的，应当提供中文说明书。说明书应当载明产品特性、主要成份、存在的有害因素、可能产生的危害后果、安全使用注意事项、职业病防护以及应急救治措施等内容。产品包装应当有醒目的警示标识和中文警示说明。贮存上述材料的场所应当在规定的部位设置危险物品标识或者放射性警示标识。国内首次使用或者首次进口与职业病危害有关的化学材料，使用单位或者进口单位按照国家规定经国务院有关部门批准后，应当向国务院卫生行政部门、安全生产监督管理部门报送该化学材料的毒性鉴定以及经有关部门登记注册或者批准进口的文件等资料。
进口放射性同位素、射线装置和含有放射性物质的物品的，按照国家有关规定办理。	进口放射性同位素、射线装置和含有放射性物质的物品的，按照国家有关规定办理。
第二十七条　任何单位和个人不得生产、经营、进口和使用国家明令禁止使用的可能产生职业病危害的设备或者材料。	第二十七条　任何单位和个人不得生产、经营、进口和使用国家明令禁止使用的可能产生职业病危害的设备或者材料。
第二十八条　任何单位和个人不得将产生职业病危害的作业转移给不具备职业病防护条件的单位和个人。不具备职业病防护条件的单位和个人不得接受产生职业病危害的作业。	第二十八条　任何单位和个人不得将产生职业病危害的作业转移给不具备职业病防护条件的单位和个人。不具备职业病防护条件的单位和个人不得接受产生职业病危害的作业。

修正前	修正后
第二十九条　用人单位对采用的技术、工艺、材料，应当知悉其产生的职业病危害，对有职业病危害的技术、工艺、材料隐瞒其危害而采用的，对所造成的职业病危害后果承担责任。	第二十九条　用人单位对采用的技术、工艺、材料，应当知悉其产生的职业病危害，对有职业病危害的技术、工艺、材料隐瞒其危害而采用的，对所造成的职业病危害后果承担责任。
第三十条　用人单位与劳动者订立劳动合同（含聘用合同，下同）时，应当将工作过程中可能产生的职业病危害及其后果、职业病防护措施和待遇等如实告知劳动者，并在劳动合同中写明，不得隐瞒或者欺骗。劳动者在已订立劳动合同期间因工作岗位或者工作内容变更，从事与所订立劳动合同中未告知的存在职业病危害的作业时，用人单位应当依照前款规定，向劳动者履行如实告知的义务，并协商变更原劳动合同相关条款。用人单位违反前两款规定的，劳动者有权拒绝从事存在职业病危害的作业，用人单位不得因此解除或者终止与劳动者所订立的劳动合同。	第三十条　用人单位与劳动者订立劳动合同（含聘用合同，下同）时，应当将工作过程中可能产生的职业病危害及其后果、职业病防护措施和待遇等如实告知劳动者，并在劳动合同中写明，不得隐瞒或者欺骗。劳动者在已订立劳动合同期间因工作岗位或者工作内容变更，从事与所订立劳动合同中未告知的存在职业病危害的作业时，用人单位应当依照前款规定，向劳动者履行如实告知的义务，并协商变更原劳动合同相关条款。用人单位违反前两款规定的，劳动者有权拒绝从事存在职业病危害的作业，用人单位不得因此解除与劳动者所订立的劳动合同。
第三十一条　用人单位的负责人应当接受职业卫生培训，遵守职业病防治法律、法规，依法组织本单位的职业病防治工作。用人单位应当对劳动者进行上岗前的职业卫生培训和在岗期间的定期职业卫生培训，普及职业卫生知识，督促劳动者遵守职业病防治法律、法规、规章和操作规程，指导劳动者正确使用职业病防护设备和个人使用的职业病防护用品。劳动者应当学习和掌握相关的职业卫生知识，遵守职业病防治法律、法规、规章和操作规程，正确使用、维护职业病防护设备和个人使用的职业病防护用品，发现职业病危害事故隐患应当及时报告。劳动者不履行前款规定义务的，用人单位应当对其进行教育。	第三十一条　用人单位的主要负责人和职业卫生管理人员应当接受职业卫生培训，遵守职业病防治法律、法规，依法组织本单位的职业病防治工作。用人单位应当对劳动者进行上岗前的职业卫生培训和在岗期间的定期职业卫生培训，普及职业卫生知识，督促劳动者遵守职业病防治法律、法规、规章和操作规程，指导劳动者正确使用职业病防护设备和个人使用的职业病防护用品。劳动者应当学习和掌握相关的职业卫生知识，遵守职业病防治法律、法规、规章和操作规程，正确使用、维护职业病防护设备和个人使用的职业病防护用品，发现职业病危害事故隐患应当及时报告。劳动者不履行前款规定义务的，用人单位应当对其进行教育。

修正前	修正后
第三十二条　对从事接触职业病危害的作业的劳动者，用人单位应当按照国务院卫生行政部门的规定组织上岗前、在岗期间和离岗时的职业健康检查，并将检查结果如实告知劳动者。职业健康检查费用由用人单位承担。用人单位不得安排未经上岗前职业健康检查的劳动者从事接触职业病危害的作业；不得安排有职业禁忌的劳动者从事其所禁忌的作业；对在职业健康检查中发现有与所从事的职业相关的健康损害的劳动者，应当调离原工作岗位，并妥善安置；对未进行离岗前职业健康检查的劳动者不得解除或者终止与其订立的劳动合同。职业健康检查应当由省级以上人民政府卫生行政部门批准的医疗卫生机构承担。	第三十二条　对从事接触职业病危害的作业的劳动者，用人单位应当按照国务院安全生产监督管理部门、卫生行政部门的规定组织上岗前、在岗期间和离岗时的职业健康检查，并将检查结果如实告知劳动者。职业健康检查费用由用人单位承担。用人单位不得安排未经上岗前职业健康检查的劳动者从事接触职业病危害的作业；不得安排有职业禁忌的劳动者从事其所禁忌的作业；对在职业健康检查中发现有与所从事的职业相关的健康损害的劳动者，应当调离原工作岗位，并妥善安置；对未进行离岗前职业健康检查的劳动者不得解除或者终止与其订立的劳动合同。职业健康检查应当由省级以上人民政府卫生行政部门批准的医疗卫生机构承担。
第三十三条　用人单位应当为劳动者建立职业健康监护档案，并按照规定的期限妥善保存。职业健康监护档案应当包括劳动者的职业史、职业病危害接触史、职业健康检查结果和职业病诊疗等有关个人健康资料。劳动者离开用人单位时，有权索取本人职业健康监护档案复印件，用人单位应当如实、无偿提供，并在所提供的复印件上签章。	第三十三条　用人单位应当为劳动者建立职业健康监护档案，并按照规定的期限妥善保存。职业健康监护档案应当包括劳动者的职业史、职业病危害接触史、职业健康检查结果和职业病诊疗等有关个人健康资料。劳动者离开用人单位时，有权索取本人职业健康监护档案复印件，用人单位应当如实、无偿提供，并在所提供的复印件上签章。
第三十四条　发生或者可能发生急性职业病危害事故时，用人单位应当立即采取应急救援和控制措施，并及时报告所在地卫生行政部门和有关部门。卫生行政部门接到报告后，应当及时会同有关部门组织调查处理；必要时，可以采取临时控制措施。对遭受或者可能遭受急性职业病危害的劳动者，用人单位应当及时组织救治、进行健康检查和医学观察，所需费用由用人单位承担。	第三十四条　发生或者可能发生急性职业病危害事故时，用人单位应当立即采取应急救援和控制措施，并及时报告所在地负责工作场所职业卫生监督管理的部门和有关部门。负责工作场所职业卫生监督管理的部门接到报告后，应当及时会同有关部门组织调查处理；必要时，可以采取临时控制措施。卫生行政部门应当组织做好医疗救治工作。对遭受或者可能遭受急性职业病危害的劳动者，用人单位应当及时组织救治、进行健康检查和医学观察，所需费用由用人单位承担。

修正前	修正后
第三十五条　用人单位不得安排未成年工从事接触职业病危害的作业；不得安排孕期、哺乳期的女职工从事对本人和胎儿、婴儿有危害的作业。	第三十五条　用人单位不得安排未成年工从事接触职业病危害的作业；不得安排孕期、哺乳期的女职工从事对本人和胎儿、婴儿有危害的作业。
第三十六条　劳动者享有下列职业卫生保护权利：（一）获得职业卫生教育、培训；（二）获得职业健康检查、职业病诊疗、康复等职业病防治服务；（三）了解工作场所产生或者可能产生的职业病危害因素、危害后果和应当采取的职业病防护措施；（四）要求用人单位提供符合防治职业病要求的职业病防护设施和个人使用的职业病防护用品，改善工作条件；（五）对违反职业病防治法律、法规以及危及生命健康的行为提出批评、检举和控告；（六）拒绝违章指挥和强令进行没有职业病防护措施的作业；（七）参与用人单位职业卫生工作的民主管理，对职业病防治工作提出意见和建议。用人单位应当保障劳动者行使前款所列权利。因劳动者依法行使正当权利而降低其工资、福利等待遇或者解除、终止与其订立的劳动合同的，其行为无效。	第三十六条　劳动者享有下列职业卫生保护权利：（一）获得职业卫生教育、培训；（二）获得职业健康检查、职业病诊疗、康复等职业病防治服务；（三）了解工作场所产生或者可能产生的职业病危害因素、危害后果和应当采取的职业病防护措施；（四）要求用人单位提供符合防治职业病要求的职业病防护设施和个人使用的职业病防护用品，改善工作条件；（五）对违反职业病防治法律、法规以及危及生命健康的行为提出批评、检举和控告；（六）拒绝违章指挥和强令进行没有职业病防护措施的作业；（七）参与用人单位职业卫生工作的民主管理，对职业病防治工作提出意见和建议。用人单位应当保障劳动者行使前款所列权利。因劳动者依法行使正当权利而降低其工资、福利等待遇或者解除、终止与其订立的劳动合同的，其行为无效。
第三十七条　工会组织应当督促并协助用人单位开展职业卫生宣传教育和培训，对用人单位的职业病防治工作提出意见和建议，与用人单位就劳动者反映的有关职业病防治的问题进行协调并督促解决。工会组织对用人单位违反职业病防治法律、法规，侵犯劳动者合法权益的行为，有权要求纠正；产生严重职业病危害时，有权要求采取防护措施，或者向政府有关部门建议采取强制性措施；发生职业病危害事故时，有权参与事故调查处理；发现危及劳动者生命健康的情形时，有权向用人单位建议组织劳动者撤离危险现场，用人单位应当立即作出处理。	第三十七条　工会组织应当督促并协助用人单位开展职业卫生宣传教育和培训，对用人单位的职业病防治工作提出意见和建议，与用人单位就劳动者反映的有关职业病防治的问题进行协调并督促解决。工会组织对用人单位违反职业病防治法律、法规，侵犯劳动者合法权益的行为，有权要求纠正；产生严重职业病危害时，有权要求采取防护措施，或者向政府有关部门建议采取强制性措施；发生职业病危害事故时，有权参与事故调查处理；发现危及劳动者生命健康的情形时，有权向用人单位建议组织劳动者撤离危险现场，用人单位应当立即作出处理。

修正前	修正后
第三十八条　用人单位按照职业病防治要求，用于预防和治理职业病危害、工作场所卫生检测、健康监护和职业卫生培训等费用，按照国家有关规定，在生产成本中据实列支。	第三十八条　用人单位按照职业病防治要求，用于预防和治理职业病危害、工作场所卫生检测、健康监护和职业卫生培训等费用，按照国家有关规定，在生产成本中据实列支。
第四章　职业病诊断与职业病病人保障	第四章　职业病诊断与职业病病人保障
第三十九条　职业病诊断应当由省级以上人民政府卫生行政部门批准的医疗卫生机构承担。	第三十九条　医疗卫生机构承担职业病诊断，应当经省、自治区、直辖市人民政府卫生行政部门批准。省、自治区、直辖市人民政府卫生行政部门应当向社会公布本行政区域内承担职业病诊断的医疗卫生机构的名单。承担职业病诊断的医疗卫生机构应当具备下列条件：（一）持有《医疗机构执业许可证》；（二）具有与开展职业病诊断相适应的医疗卫生技术人员；（三）具有与开展职业病诊断相适应的仪器、设备；（四）具有健全的职业病诊断质量管理制度。承担职业病诊断的医疗卫生机构不得拒绝劳动者进行职业病诊断的要求。
第四十条　劳动者可以在用人单位所在地或者本人居住地依法承担职业病诊断的医疗卫生机构进行职业病诊断。	第四十条　劳动者可以在用人单位所在地或者本人居住地依法承担职业病诊断的医疗卫生机构进行职业病诊断。
第四十一条　职业病诊断标准和职业病诊断、鉴定办法由国务院卫生行政部门制定。职业病伤残等级的鉴定办法由国务院劳动保障行政部门会同国务院卫生行政部门制定。	第四十一条　职业病诊断标准和职业病诊断、鉴定办法由国务院卫生行政部门制定。职业病伤残等级的鉴定办法由国务院人力资源社会保障部门会同国务院卫生行政部门制定。
第四十二条　职业病诊断，应当综合分析下列因素：（一）病人的职业史；（二）职业病危害接触史和现场危害调查与评价；（三）临床表现以及辅助检查结果等。没有证据否定职业病危害因素与病人临床表现之间的必然联系的，在排除其他致病因素后，应当诊断为职业病。承担职业病诊断的医疗卫生机构在进行职业病诊断时，应当组织三名以上取得职业病诊断资格的执业医师集体诊断。职业病诊断证明书应当由参与诊断的医师共同签署，并经承担职业病诊断的医疗卫生机构审核盖章。	第四十二条　职业病诊断，应当综合分析下列因素：（一）病人的职业史；（二）职业病危害接触史和工作场所职业病危害因素检测资料；（三）临床表现以及辅助检查结果等。没有证据否定职业病危害因素与病人临床表现之间的必然联系的，应当诊断为职业病。承担职业病诊断的医疗卫生机构在进行职业病诊断时，应当组织三名以上取得职业病诊断资格的执业医师集体诊断。职业病诊断证明书应当由参与诊断的医师共同签署，并经承担职业病诊断的医疗卫生机构审核盖章。

修正前	修正后
第四十三条　用人单位和医疗卫生机构发现职业病病人或者疑似职业病病人时，应当及时向所在地卫生行政部门报告。确诊为职业病的，用人单位还应当向所在地劳动保障行政部门报告。卫生行政部门和劳动保障行政部门接到报告后，应当依法作出处理。	第四十三条　用人单位和医疗卫生机构发现职业病病人或者疑似职业病病人时，应当及时向所在地卫生行政部门和负责工作场所职业卫生监督管理的部门报告。确诊为职业病的，用人单位还应当向所在地人力资源社会保障部门报告。接到报告的部门应当依法作出处理。
第四十四条　县级以上地方人民政府卫生行政部门负责本行政区域内的职业病统计报告的管理工作，并按照规定上报。	第四十四条　县级以上地方人民政府卫生行政部门负责本行政区域内的职业病统计报告的管理工作，并按照规定上报。
第四十五条　当事人对职业病诊断有异议的，可以向作出诊断的医疗卫生机构所在地地方人民政府卫生行政部门申请鉴定。职业病诊断争议由设区的市级以上地方人民政府卫生行政部门根据当事人的申请，组织职业病诊断鉴定委员会进行鉴定。当事人对设区的市级职业病诊断鉴定委员会的鉴定结论不服的，可以向省、自治区、直辖市人民政府卫生行政部门申请再鉴定。	第四十五条　当事人对职业病诊断有异议的，可以向作出诊断的医疗卫生机构所在地地方人民政府卫生行政部门申请鉴定。职业病诊断争议由设区的市级以上地方人民政府卫生行政部门根据当事人的申请，组织职业病诊断鉴定委员会进行鉴定。当事人对设区的市级职业病诊断鉴定委员会的鉴定结论不服的，可以向省、自治区、直辖市人民政府卫生行政部门申请再鉴定。
第四十六条　职业病诊断鉴定委员会由相关专业的专家组成。省、自治区、直辖市人民政府卫生行政部门应当设立相关的专家库，需要对职业病争议作出诊断鉴定时，由当事人或者当事人委托有关卫生行政部门从专家库中以随机抽取的方式确定参加诊断鉴定委员会的专家。职业病诊断鉴定委员会应当按照国务院卫生行政部门颁布的职业病诊断标准和职业病诊断、鉴定办法进行职业病诊断鉴定，向当事人出具职业病诊断鉴定书。职业病诊断鉴定费用由用人单位承担。	第四十六条　职业病诊断鉴定委员会由相关专业的专家组成。省、自治区、直辖市人民政府卫生行政部门应当设立相关的专家库，需要对职业病争议作出诊断鉴定时，由当事人或者当事人委托有关卫生行政部门从专家库中以随机抽取的方式确定参加诊断鉴定委员会的专家。职业病诊断鉴定委员会应当按照国务院卫生行政部门颁布的职业病诊断标准和职业病诊断、鉴定办法进行职业病诊断鉴定，向当事人出具职业病诊断鉴定书。职业病诊断、鉴定费用由用人单位承担。

修正前	修正后
第四十七条　职业病诊断鉴定委员会组成人员应当遵守职业道德，客观、公正地进行诊断鉴定，并承担相应的责任。职业病诊断鉴定委员会组成人员不得私下接触当事人，不得收受当事人的财物或者其他好处，与当事人有利害关系的，应当回避。人民法院受理有关案件需要进行职业病鉴定时，应当从省、自治区、直辖市人民政府卫生行政部门依法设立的相关的专家库中选取参加鉴定的专家。	第四十七条　职业病诊断鉴定委员会组成人员应当遵守职业道德，客观、公正地进行诊断鉴定，并承担相应的责任。职业病诊断鉴定委员会组成人员不得私下接触当事人，不得收受当事人的财物或者其他好处，与当事人有利害关系的，应当回避。人民法院受理有关案件需要进行职业病鉴定时，应当从省、自治区、直辖市人民政府卫生行政部门依法设立的相关的专家库中选取参加鉴定的专家。
第四十八条　职业病诊断、鉴定需要用人单位提供有关职业卫生和健康监护等资料时，用人单位应当如实提供，劳动者和有关机构也应当提供与职业病诊断、鉴定有关的资料。	第四十八条　用人单位应当如实提供职业病诊断、鉴定所需的劳动者职业史和职业病危害接触史、工作场所职业病危害因素检测结果等资料；负责工作场所职业卫生监督管理的部门应当监督检查和督促用人单位提供上述资料；劳动者和有关机构也应当提供与职业病诊断、鉴定有关的资料。承担职业病诊断的医疗卫生机构、职业病诊断鉴定委员会（以下统称诊断、鉴定机构）认为需要时，可以对工作场所进行现场调查，负责工作场所职业卫生监督管理的部门应当予以配合；用人单位不得拒绝、阻挠。
	第四十九条　职业病诊断、鉴定过程中，用人单位不提供工作场所职业病危害因素检测结果等资料的，诊断、鉴定机构应当结合劳动者的临床表现、辅助检查结果和劳动者的职业史、职业病危害接触史，并参考劳动者的自述、负责工作场所职业卫生监督管理的部门提供的日常监督检查信息等，作出职业病诊断、鉴定结论。劳动者对用人单位提供的工作场所职业病危害因素检测结果等资料有异议，或者因劳动者的用人单位解散、破产，无用人单位提供上述资料的，诊断、鉴定机构应当提请负责工作场所职业卫生监督管理的部门进行调查，由该部门对存在异议的资料或者工作场所职业病危害因素状况作出判定；有关部门应当配合。

修正前	修正后
	第五十条　职业病诊断、鉴定过程中，在确认劳动者职业史、职业病危害接触史时，当事人对劳动关系、工种、工作岗位或者在岗时间有争议的，可以向当地的劳动人事争议仲裁委员会申请仲裁；接到申请的劳动人事争议仲裁委员会应当受理，并在30日内作出裁决。当事人在仲裁过程中对自己提出的主张，有责任提供证据。劳动者无法提供由用人单位掌握管理的与仲裁主张有关的证据的，仲裁庭应当要求用人单位在指定期限内提供；用人单位在指定期限内不提供的，应当承担不利后果。劳动者对仲裁裁决不服的，可以依照《中华人民共和国劳动争议调解仲裁法》的规定向人民法院提起诉讼。用人单位对仲裁裁决不服、拟向人民法院提起诉讼的，应当在职业病诊断、鉴定程序结束之日起15日内提起诉讼；诉讼期间，劳动者的治疗费用按照职业病待遇规定的途径支付。
第四十九条　医疗卫生机构发现疑似职业病病人时，应当告知劳动者本人并及时通知用人单位。用人单位应当及时安排对疑似职业病病人进行诊断；在疑似职业病病人诊断或者医学观察期间，不得解除或者终止与其订立的劳动合同。疑似职业病病人在诊断、医学观察期间的费用，由用人单位承担。	第五十一条　医疗卫生机构发现疑似职业病病人时，应当告知劳动者本人并及时通知用人单位。用人单位应当及时安排对疑似职业病病人进行诊断；在疑似职业病病人诊断或者医学观察期间，不得解除与其订立的劳动合同。疑似职业病病人在诊断、医学观察期间的费用，由用人单位承担。
第五十条　职业病病人依法享受国家规定的职业病待遇。用人单位应当按照国家有关规定，安排职业病病人进行治疗、康复和定期检查。用人单位对不适宜继续从事原工作的职业病病人，应当调离原岗位，并妥善安置。用人单位对从事接触职业病危害的作业的劳动者，应当给予适当岗位津贴。	第五十二条　职业病病人依法享受国家规定的职业病待遇。用人单位应当按照国家有关规定，安排职业病病人进行治疗、康复和定期检查。用人单位对不适宜继续从事原工作的职业病病人，应当调离原岗位，并妥善安置。用人单位对从事接触职业病危害的作业的劳动者，应当给予适当岗位津贴。

修正前	修正后
第五十一条　职业病病人的诊疗、康复费用，伤残以及丧失劳动能力的职业病病人的社会保障，按照国家有关工伤社会保险的规定执行。	第五十三条　职业病病人的诊疗、康复费用，伤残以及丧失劳动能力的职业病病人的社会保障，按照国家有关工伤社会保险的规定执行。
第五十二条　职业病病人除依法享有工伤社会保险外，依照有关民事法律，尚有获得赔偿的权利的，有权向用人单位提出赔偿要求。	第五十四条　职业病病人除依法享有工伤社会保险外，依照有关民事法律，尚有获得赔偿的权利的，有权向用人单位提出赔偿要求。
第五十三条　劳动者被诊断患有职业病，但用人单位没有依法参加工伤社会保险的，其医疗和生活保障由最后的用人单位承担；最后的用人单位有证据证明该职业病是先前用人单位的职业病危害造成的，由先前的用人单位承担。	第五十五条　劳动者被诊断患有职业病，但用人单位没有依法参加工伤社会保险的，其医疗和生活保障由最后的用人单位承担；最后的用人单位有证据证明该职业病是先前用人单位的职业病危害造成的，由先前的用人单位承担。
第五十四条　职业病病人变动工作单位，其依法享有的待遇不变。用人单位发生分立、合并、解散、破产等情形的，应当对从事接触职业病危害的作业的劳动者进行健康检查，并按照国家有关规定妥善安置职业病病人。	第五十六条　职业病病人变动工作单位，其依法享有的待遇不变。用人单位发生分立、合并、解散、破产等情形的，应当对从事接触职业病危害的作业的劳动者进行健康检查，并按照国家有关规定妥善安置职业病病人。
第五章　监督检查	第五章　监督检查
第五十五条　县级以上人民政府卫生行政部门依照职业病防治法律、法规、国家职业卫生标准和卫生要求，依据职责划分，对职业病防治工作及职业病危害检测、评价活动进行监督检查。	第五十七条　县级以上人民政府职业卫生监督管理部门依照职业病防治法律、法规、国家职业卫生标准和卫生要求，依据职责划分，对职业病防治工作进行监督检查。
第五十六条　卫生行政部门履行监督检查职责时，有权采取下列措施：（一）进入被检查单位和职业病危害现场，了解情况，调查取证；（二）查阅或者复制与违反职业病防治法律、法规的行为有关的资料和采集样品；（三）责令违反职业病防治法律、法规的单位和个人停止违法行为。	第五十八条　负责工作场所职业卫生监督管理的部门履行监督检查职责时，有权采取下列措施：（一）进入被检查单位和职业病危害现场，了解情况，调查取证；（二）查阅或者复制与违反职业病防治法律、法规的行为有关的资料和采集样品；（三）责令违反职业病防治法律、法规的单位和个人停止违法行为。

修正前	修正后
第五十七条　发生职业病危害事故或者有证据证明危害状态可能导致职业病危害事故发生时，卫生行政部门可以采取下列临时控制措施：（一）责令暂停导致职业病危害事故的作业；（二）封存造成职业病危害事故或者可能导致职业病危害事故发生的材料和设备；（三）组织控制职业病危害事故现场。在职业病危害事故或者危害状态得到有效控制后，卫生行政部门应当及时解除控制措施。	第五十九条　发生职业病危害事故或者有证据证明危害状态可能导致职业病危害事故发生时，负责工作场所职业卫生监督管理的部门可以采取下列临时控制措施：（一）责令暂停导致职业病危害事故的作业；（二）封存造成职业病危害事故或者可能导致职业病危害事故发生的材料和设备；（三）组织控制职业病危害事故现场。在职业病危害事故或者危害状态得到有效控制后，负责工作场所职业卫生监督管理的部门应当及时解除控制措施。
第五十八条　职业卫生监督执法人员依法执行职务时，应当出示监督执法证件。职业卫生监督执法人员应当忠于职守，秉公执法，严格遵守执法规范；涉及用人单位的秘密的，应当为其保密。	第六十条　职业卫生监督执法人员依法执行职务时，应当出示监督执法证件。职业卫生监督执法人员应当忠于职守，秉公执法，严格遵守执法规范；涉及用人单位的秘密的，应当为其保密。
第五十九条　职业卫生监督执法人员依法执行职务时，被检查单位应当接受检查并予以支持配合，不得拒绝和阻碍。	第六十一条　职业卫生监督执法人员依法执行职务时，被检查单位应当接受检查并予以支持配合，不得拒绝和阻碍。
第六十条　卫生行政部门及其职业卫生监督执法人员履行职责时，不得有下列行为：（一）对不符合法定条件的，发给建设项目有关证明文件、资质证明文件或者予以批准；（二）对已经取得有关证明文件的，不履行监督检查职责；（三）发现用人单位存在职业病危害的，可能造成职业病危害事故，不及时依法采取控制措施；（四）其他违反本法的行为。	第六十二条　负责工作场所职业卫生监督管理的部门及其职业卫生监督执法人员履行职责时，不得有下列行为：（一）对不符合法定条件的，发给建设项目有关证明文件、资质证明文件或者予以批准；（二）对已经取得有关证明文件的，不履行监督检查职责；（三）发现用人单位存在职业病危害的，可能造成职业病危害事故，不及时依法采取控制措施；（四）其他违反本法的行为。
第六十一条　职业卫生监督执法人员应当依法经过资格认定。卫生行政部门应当加强队伍建设，提高职业卫生监督执法人员的政治、业务素质，依照本法和其他有关法律、法规的规定，建立、健全内部监督制度，对其工作人员执行法律、法规和遵守纪律的情况，进行监督检查。	第六十三条　职业卫生监督执法人员应当依法经过资格认定。职业卫生监督管理部门应当加强队伍建设，提高职业卫生监督执法人员的政治、业务素质，依照本法和其他有关法律、法规的规定，建立、健全内部监督制度，对其工作人员执行法律、法规和遵守纪律的情况，进行监督检查。

修正前	修正后
第六章　法律责任	第六章　法律责任
第六十二条　建设单位违反本法规定，有下列行为之一的，由卫生行政部门给予警告，责令限期改正；逾期不改正的，处十万元以上五十万元以下的罚款；情节严重的，责令停止产生职业病危害的作业，或者提请有关人民政府按照国务院规定的权限责令停建、关闭：（一）未按照规定进行职业病危害预评价或者未提交职业病危害预评价报告，或者职业病危害预评价报告未经卫生行政部门审核同意，擅自开工的；（二）建设项目的职业病防护设施未按照规定与主体工程同时投入生产和使用的；（三）职业病危害严重的建设项目，其职业病防护设施设计不符合国家职业卫生标准和卫生要求施工的；（四）未按照规定对职业病防护设施进行职业病危害控制效果评价、未经卫生行政部门验收或者验收不合格，擅自投入使用的。	第六十四条　建设单位违反本法规定，有下列行为之一的，由负责工作场所职业卫生监督管理的部门给予警告，责令限期改正；逾期不改正的，处十万元以上五十万元以下的罚款；情节严重的，责令停止产生职业病危害的作业，或者提请有关人民政府按照国务院规定的权限责令停建、关闭：（一）未按照规定进行职业病危害预评价或者未提交职业病危害预评价报告，或者职业病危害预评价报告未经负责工作场所职业卫生监督管理的部门审核同意，擅自开工的；（二）建设项目的职业病防护设施未按照规定与主体工程同时投入生产和使用的；（三）职业病危害严重的建设项目，其职业病防护设施设计未经负责工作场所职业卫生监督管理的部门审查，或者不符合国家职业卫生标准和卫生要求施工的；（四）未按照规定对职业病防护设施进行职业病危害控制效果评价、未经负责工作场所职业卫生监督管理的部门验收或者验收不合格，擅自投入使用的。
第六十三条　违反本法规定，有下列行为之一的，由卫生行政部门给予警告，责令限期改正；逾期不改正的，处二万元以下的罚款：（一）工作场所职业病危害因素检测、评价结果没有存档、上报、公布的；（二）未采取本法第十九条规定的职业病防治管理措施的；（三）未按照规定公布有关职业病防治的规章制度、操作规程、职业病危害事故应急救援措施的；（四）未按照规定组织劳动者进行职业卫生培训，或者未对劳动者个人职业病防护采取指导、督促措施的；（五）国内首次使用或者首次进口与职业病危害有关的化学材料，未按照规定报送毒性鉴定资料以及经有关部门登记注册或者批准进口的文件的。	第六十五条　违反本法规定，有下列行为之一的，由负责工作场所职业卫生监督管理的部门给予警告，责令限期改正；逾期不改正的，处二万元以下的罚款：（一）工作场所职业病危害因素检测、评价结果没有存档、上报、公布的；（二）未采取本法第十九条规定的职业病防治管理措施的；（三）未按照规定公布有关职业病防治的规章制度、操作规程、职业病危害事故应急救援措施的；（四）未按照规定组织劳动者进行职业卫生培训，或者未对劳动者个人职业病防护采取指导、督促措施的；（五）国内首次使用或者首次进口与职业病危害有关的化学材料，未按照规定报送毒性鉴定资料以及经有关部门登记注册或者批准进口的文件的。

修正前	修正后
第六十四条　用人单位违反本法规定，有下列行为之一的，由卫生行政部门责令限期改正，给予警告，可以并处二万元以上五万元以下的罚款：（一）未按照规定及时、如实向卫生行政部门申报产生职业病危害的项目的；（二）未实施由专人负责的职业病危害因素日常监测，或者监测系统不能正常监测的；（三）订立或者变更劳动合同时，未告知劳动者职业病危害真实情况的；（四）未按照规定组织职业健康检查、建立职业健康监护档案或者未将检查结果如实告知劳动者的。	第六十六条　用人单位违反本法规定，有下列行为之一的，由负责工作场所职业卫生监督管理的部门责令限期改正，给予警告，可以并处二万元以上五万元以下的罚款：（一）未按照规定及时、如实向负责工作场所职业卫生监督管理的部门申报产生职业病危害的项目的；（二）未实施由专人负责的职业病危害因素日常监测，或者监测系统不能正常监测的；（三）订立或者变更劳动合同时，未告知劳动者职业病危害真实情况的；（四）未按照规定组织职业健康检查、建立职业健康监护档案或者未将检查结果如实告知劳动者的；（五）未依照本法规定在劳动者离开用人单位时提供职业健康监护档案复印件的。
第六十五条　用人单位违反本法规定，有下列行为之一的，由卫生行政部门给予警告，责令限期改正，逾期不改正的，处五万元以上二十万元以下的罚款；情节严重的，责令停止产生职业病危害的作业，或者提请有关人民政府按照国务院规定的权限责令关闭：（一）工作场所职业病危害因素的强度或者浓度超过国家职业卫生标准的；（二）未提供职业病防护设施和个人使用的职业病防护用品，或者提供的职业病防护设施和个人使用的职业病防护用品不符合国家职业卫生标准和卫生要求的；（三）对职业病防护设备、应急救援设施和个人使用的职业病防护用品未按照规定进行维护、检修、检测，或者不能保持正常运行、使用状态的；（四）未按照规定对工作场所职业病危害因素进行检测、评价的；（五）工作场所职业病危害因素经治理仍然达不到国家职业卫生标准和卫生要求时，未停止存在职业病危害因素的作业的；（六）未按照规定安排职业病病人、疑似职业病病人进行诊治的；	第六十七条　用人单位违反本法规定，有下列行为之一的，由负责工作场所职业卫生监督管理的部门给予警告，责令限期改正，逾期不改正的，处五万元以上二十万元以下的罚款；情节严重的，责令停止产生职业病危害的作业，或者提请有关人民政府按照国务院规定的权限责令关闭：（一）工作场所职业病危害因素的强度或者浓度超过国家职业卫生标准的；（二）未提供职业病防护设施和个人使用的职业病防护用品，或者提供的职业病防护设施和个人使用的职业病防护用品不符合国家职业卫生标准和卫生要求的；（三）对职业病防护设备、应急救援设施和个人使用的职业病防护用品未按照规定进行维护、检修、检测，或者不能保持正常运行、使用状态的；（四）未按照规定对工作场所职业病危害因素进行检测、评价的；（五）工作场所职业病危害因素经治理仍然达不到国家职业卫生标准和卫生要求时，未停止存在职业病危害因素的作业的；（六）未按照规定安排职业病病人、疑似职业病病人进行诊治的；

修正前	修正后
（七）发生或者可能发生急性职业病危害事故时，未立即采取应急救援和控制措施或者未按照规定及时报告的；（八）未按照规定在产生严重职业病危害的作业岗位醒目位置设置警示标识和中文警示说明的；（九）拒绝卫生行政部门监督检查的。	（七）发生或者可能发生急性职业病危害事故时，未立即采取应急救援和控制措施或者未按照规定及时报告的；（八）未按照规定在产生严重职业病危害的作业岗位醒目位置设置警示标识和中文警示说明的；（九）拒绝职业卫生监督管理部门监督检查的；（十）隐瞒、毁损职业健康监护档案、工作场所职业病危害因素检测评价结果等相关资料，或者不提供职业病诊断、鉴定所需资料的；（十一）未按照规定承担职业病诊断、鉴定费用的。
第六十六条　向用人单位提供可能产生职业病危害的设备、材料，未按照规定提供中文说明书或者设置警示标识和中文警示说明的，由卫生行政部门责令限期改正，给予警告，并处五万元以上二十万元以下的罚款。	第六十八条　向用人单位提供可能产生职业病危害的设备、材料，未按照规定提供中文说明书或者设置警示标识和中文警示说明的，由负责工作场所职业卫生监督管理的部门责令限期改正，给予警告，并处五万元以上二十万元以下的罚款。
第六十七条　用人单位和医疗卫生机构未按照规定报告职业病、疑似职业病的，由卫生行政部门责令限期改正，给予警告，可以并处一万元以下的罚款；弄虚作假的，并处二万元以上五万元以下的罚款；对直接负责的主管人员和其他直接责任人员，可以依法给予降级或者撤职的处分。	第六十九条　用人单位和医疗卫生机构未按照规定报告职业病、疑似职业病的，由有关主管部门依据职责分工责令限期改正，给予警告，可以并处一万元以下的罚款；弄虚作假的，并处二万元以上五万元以下的罚款；对直接负责的主管人员和其他直接责任人员，可以依法给予降级或者撤职的处分。
第六十八条　违反本法规定，有下列情形之一的，由卫生行政部门责令限期治理，并处五万元以上三十万元以下的罚款；情节严重的，责令停止产生职业病危害的作业，或者提请有关人民政府按照国务院规定的权限责令关闭：（一）隐瞒技术、工艺、材料所产生的职业病危害而采用的；（二）隐瞒本单位职业卫生真实情况的；（三）可能发生急性职业损伤的有毒、有害工作场所、放射工作场所或者放射性同位素的运输、贮存不符合本法第二十三条规定的；（四）使用国家明令禁止使用的可能产生职业病危害的设备或者材料的；	第七十条　违反本法规定，有下列情形之一的，由负责工作场所职业卫生监督管理的部门责令限期治理，并处五万元以上三十万元以下的罚款；情节严重的，责令停止产生职业病危害的作业，或者提请有关人民政府按照国务院规定的权限责令关闭：（一）隐瞒技术、工艺、材料所产生的职业病危害而采用的；（二）隐瞒本单位职业卫生真实情况的；（三）可能发生急性职业损伤的有毒、有害工作场所、放射工作场所或者放射性同位素的运输、贮存不符合本法第二十三条规定的；（四）使用国家明令禁止使用的可能产生职业病危害的设备或者材料的；

民事法律文件解读

修正前	修正后
（五）将产生职业病危害的作业转移给没有职业病防护条件的单位和个人，或者没有职业病防护条件的单位和个人接受产生职业病危害的作业的；（六）擅自拆除、停止使用职业病防护设备或者应急救援设施的；（七）安排未经职业健康检查的劳动者、有职业禁忌的劳动者、未成年工或者孕期、哺乳期女职工从事接触职业病危害的作业或者禁忌作业的；（八）违章指挥和强令劳动者进行没有职业病防护措施的作业的。	（五）将产生职业病危害的作业转移给没有职业病防护条件的单位和个人，或者没有职业病防护条件的单位和个人接受产生职业病危害的作业的；（六）擅自拆除、停止使用职业病防护设备或者应急救援设施的；（七）安排未经职业健康检查的劳动者、有职业禁忌的劳动者、未成年工或者孕期、哺乳期女职工从事接触职业病危害的作业或者禁忌作业的；（八）违章指挥和强令劳动者进行没有职业病防护措施的作业的。
第六十九条　生产、经营或者进口国家明令禁止使用的可能产生职业病危害的设备或者材料的，依照有关法律、行政法规的规定给予处罚。	第七十一条　生产、经营或者进口国家明令禁止使用的可能产生职业病危害的设备或者材料的，依照有关法律、行政法规的规定给予处罚。
第七十条　用人单位违反本法规定，已经对劳动者生命健康造成严重损害的，由卫生行政部门责令停止产生职业病危害的作业，或者提请有关人民政府按照国务院规定的权限责令关闭，并处十万元以上三十万元以下的罚款。	第七十二条　用人单位违反本法规定，已经对劳动者生命健康造成严重损害的，由负责工作场所职业卫生监督管理的部门责令停止产生职业病危害的作业，或者提请有关人民政府按照国务院规定的权限责令关闭，并处十万元以上三十万元以下的罚款。
第七十一条　用人单位违反本法规定，造成重大职业病危害事故或者其他严重后果，构成犯罪的，对直接负责的主管人员和其他直接责任人员，依法追究刑事责任。	第七十三条　用人单位违反本法规定，造成重大职业病危害事故或者其他严重后果，构成犯罪的，对直接负责的主管人员和其他直接责任人员，依法追究刑事责任。
第七十二条　未取得职业卫生技术服务资质认证擅自从事职业卫生技术服务的，或者医疗卫生机构未经批准擅自从事职业健康检查、职业病诊断的，由卫生行政部门责令立即停止违法行为，没收违法所得；违法所得五千元以上的，并处违法所得二倍以上十倍以下的罚款；没有违法所得或者违法所得不足五千元的，并处五千元以上五万元以下的罚款；情节严重的，对直接负责的主管人员和其他直接责任人员，依法给予降级、撤职或者开除的处分。	第七十四条　未取得职业卫生技术服务资质认证擅自从事职业卫生技术服务的，或者医疗卫生机构未经批准擅自从事职业健康检查、职业病诊断的，由负责工作场所职业卫生监督管理的部门和卫生行政部门依据职责分工责令立即停止违法行为，没收违法所得；违法所得五千元以上的，并处违法所得二倍以上十倍以下的罚款；没有违法所得或者违法所得不足五千元的，并处五千元以上五万元以下的罚款；情节严重的，对直接负责的主管人员和其他直接责任人员，依法给予降级、撤职或者开除的处分。

修正前	修正后
第七十三条　从事职业卫生技术服务的机构和承担职业健康检查、职业病诊断的医疗卫生机构违反本法规定，有下列行为之一的，由卫生行政部门责令立即停止违法行为，给予警告，没收违法所得；违法所得五千元以上的，并处违法所得二倍以上五倍以下的罚款；没有违法所得或者违法所得不足五千元的，并处五千元以上二万元以下的罚款；情节严重的，由原认证或者批准机关取消其相应的资格；对直接负责的主管人员和其他直接责任人员，依法给予降级、撤职或者开除的处分；构成犯罪的，依法追究刑事责任：（一）超出资质认证或者批准范围从事职业卫生技术服务或者职业健康检查、职业病诊断的；（二）不按照本法规定履行法定职责的；（三）出具虚假证明文件的。	第七十五条　从事职业卫生技术服务的机构和承担职业健康检查、职业病诊断的医疗卫生机构违反本法规定，有下列行为之一的，由负责工作场所职业卫生监督管理的部门和卫生行政部门依据职责分工责令立即停止违法行为，给予警告，没收违法所得；违法所得五千元以上的，并处违法所得二倍以上五倍以下的罚款；没有违法所得或者违法所得不足五千元的，并处五千元以上二万元以下的罚款；情节严重的，由原认证或者批准机关取消其相应的资格；对直接负责的主管人员和其他直接责任人员，依法给予降级、撤职或者开除的处分；构成犯罪的，依法追究刑事责任：（一）超出资质认证或者批准范围从事职业卫生技术服务或者职业健康检查、职业病诊断的；（二）不按照本法规定履行法定职责的；（三）出具虚假证明文件的。
第七十四条　职业病诊断鉴定委员会组成人员收受职业病诊断争议当事人的财物或者其他好处的，给予警告，没收收受的财物，可以并处三千元以上五万元以下的罚款，取消其担任职业病诊断鉴定委员会组成人员的资格，并从省、自治区、直辖市人民政府卫生行政部门设立的专家库中予以除名。	第七十六条　职业病诊断鉴定委员会组成人员收受职业病诊断争议当事人的财物或者其他好处的，给予警告，没收收受的财物，可以并处三千元以上五万元以下的罚款，取消其担任职业病诊断鉴定委员会组成人员的资格，并从省、自治区、直辖市人民政府卫生行政部门设立的专家库中予以除名。
第七十五条　卫生行政部门不按照规定报告职业病和职业病危害事故的，由上一级卫生行政部门责令改正，通报批评，给予警告；虚报、瞒报的，对单位负责人、直接负责的主管人员和其他直接责任人员依法给予降级、撤职或者开除的行政处分。	第七十七条　卫生行政部门、负责工作场所职业卫生监督管理的部门不按照规定报告职业病和职业病危害事故的，由上一级行政部门责令改正，通报批评，给予警告；虚报、瞒报的，对单位负责人、直接负责的主管人员和其他直接责任人员依法给予降级、撤职或者开除的处分。

修正前	修正后
第七十六条　卫生行政部门及其职业卫生监督执法人员有本法第六十条所列行为之一，导致职业病危害事故发生，构成犯罪的，依法追究刑事责任；尚不构成犯罪的，对单位负责人、直接负责的主管人员和其他直接责任人员依法给予降级、撤职或者开除的行政处分。	第七十八条　县级以上地方人民政府在职业病防治工作中未依照本法履行职责，本行政区域出现重大职业病危害事故、造成严重社会影响的，依法对直接负责的主管人员和其他直接责任人员给予记过直至开除的处分。县级以上人民政府职业卫生监督管理部门不履行本法规定的职责，或者滥用职权、玩忽职守、徇私舞弊，依法对直接负责的主管人员和其他直接责任人员给予记过或者降级的处分；造成职业病危害事故或者其他严重后果的，依法给予记过直至开除的处分。
第七章　附则	第七章　附则
第七十七条　本法下列用语的含义：职业病危害，是指对从事职业活动的劳动者可能导致职业病的各种危害。职业病危害因素包括：职业活动中存在的各种有害的化学、物理、生物因素以及在作业过程中产生的其他职业有害因素。职业禁忌，是指劳动者从事特定职业或者接触特定职业病危害因素时，比一般职业人群更易于遭受职业病危害和罹患职业病或者可能导致原有自身疾病病情加重，或者在从事作业过程中诱发可能导致对他人生命健康构成危险的疾病的个人特殊生理或者病理状态。	第七十九条　本法下列用语的含义：职业病危害，是指对从事职业活动的劳动者可能导致职业病的各种危害。职业病危害因素包括：职业活动中存在的各种有害的化学、物理、生物因素以及在作业过程中产生的其他职业有害因素。职业禁忌，是指劳动者从事特定职业或者接触特定职业病危害因素时，比一般职业人群更易于遭受职业病危害和罹患职业病或者可能导致原有自身疾病病情加重，或者在从事作业过程中诱发可能导致对他人生命健康构成危险的疾病的个人特殊生理或者病理状态。
第七十八条　本法第二条规定的用人单位以外的单位，产生职业病危害的，其职业病防治活动可以参照本法执行。中国人民解放军参照执行本法的办法，由国务院、中央军事委员会制定。	第八十条　本法第二条规定的用人单位以外的单位，产生职业病危害的，其职业病防治活动可以参照本法执行。中国人民解放军参照执行本法的办法，由国务院、中央军事委员会制定。对医疗机构放射性职业病危害控制的监督管理，由卫生行政部门依照本法的规定实施。
第七十九条本法自 2002 年 5 月 1 日起施行。	第八十一条本法自 2002 年 5 月 1 日起施行。

《最新法律文件解读》丛书
稿　约

为更好地服务司法与行政执法工作，加强法制宣传，提高司法与行政执法能力，人民法院出版社2005年起正式出版《最新法律文件解读》丛书。

欢迎您向以下栏目赐稿：

【最新法律文件解读】主要是对最新颁行的法律文件进行解读，帮助司法和执法人员正确理解法律文件的立法背景、意义、重点内容、在适用中应注意的问题、与相关法律文件的衔接与互动关系等等。

【司法工作热点问题研究】主要刊登对司法理论、实务及司法管理工作中的热点、疑难问题进行研究及评论的文章。

【新类型疑难案例选评】主要是对司法和行政执法实践中具有典型性和代表性的疑难案例，结合具体案情以及审理或处理结果进行简练精辟的点评，解析认识问题的方法、处理问题的法律依据和在个案中的具体适用。每篇点评文章一般在两三千字左右为宜，并拟出点评题目。

【法学前沿与新视点】以摘要的形式刊登相关法学理论研究的最新动态及具有代表性和典型性的前沿问题，扩展法学研究的深度和广度。

【法律适用热点、疑点、难点问题解答】主要针对司法和行政执法实践中面临的新问题、热点问题、疑难问题进行简要地解答，指出涉及的法律关系，明确法律适用依据。

稿件一经刊用，即付稿酬，稿酬从优。

《刑事法律文件解读》　兰丽专　邮箱：lanlizhuan@ sohu. com

《民事法律文件解读》　肖瑾璟　邮箱：courtbook@ 163. com

《行政与执行法律文件解读》　姜　峤　邮箱：jiang9919@ 126. com

《商事法律文件解读》　姜　峤　邮箱：jiang9919@ 126. com

人民法院出版社

《最新法律文件解读》丛书编辑部